（漢）鄭玄注
（唐）賈公彦疏

宋本周禮疏

第五册

國家圖書館出

第五册目録

卷十七

周禮疏卷第十五

唐朝散大夫行大學博士弘文館學士臣賈公彥等撰

師氏掌以媺詔王釋曰媺美也師氏掌以前世美善之道以詔告於王庶王行其美道也注告王以善道也文王世子曰師也者教之以事而諭諸德者也釋曰引文王世子者彼是師氏教世子禮引爲詔王者但詔王以道無文彼教世子與教王同故取以爲證也諭曉也諸於也彼謂敎世子以君臣父子長幼之事而曉之以德今詔王亦曉之以德也以三德教國子一曰至德以爲道本二曰敏德以爲行本三曰孝德以知逆惡教三行一曰孝行以親父母二曰友行以尊

賢良三曰順行以事師長釋曰以此三德教國子王大子已下至元士之
適子也云一曰至德以爲道本者至德謂至極之德以爲
行道之本也二曰敏德以爲行本者謂敏達之德以爲行
行之本也三曰孝德以知逆惡者善父母爲孝以孝德之
孝以事父母則知逆惡不行也此上三德皆在心而行不
見故鄭云在心爲德也云一曰孝行以親父母者行善事
父母之行則能親父母冬温夏凊昏定晨省盡愛敬之事
也云二曰友行以尊賢良者此行施於外人故尊事賢人
良人有德行之士也云三曰順行以事師長者此亦施於
外人行遜順之行事受注德行内外之稱在心爲德施之
業之師及朋友之長也爲行至德中和之德覆燾持載
含容者也孔子曰中庸之爲德其至矣乎敏德仁義順時
者也說命曰敬遜務時敏厥脩乃來孝德尊祖愛親守其
所以生者也孔子曰武王周公其達孝矣乎夫孝者善繼
人之志善述人之事者也孝在三德之下三行之上德有

廣於孝而行莫尊焉國子公卿大夫之子弟師氏教之而
世子亦齒焉學君臣父子長幼之道　釋曰云德行外內
之稱在心爲德施之爲行者案禮記云聡有其德而無其行
則德在內行在外也又見經至德敏德道行爲本道行是施
之於外之名又孝德云知逆惡亦是在外之事則知三德
皆在內與外行爲本又三行云親父母之等故云施之爲
行也云至德中和之德者案禮記中庸云致中和天地位
焉故知至德是中庸之德也云覆燾持載含容者也者此
至德即中庸所云至誠一也彼說至誠無息不息則久久則
徵徵則悠遠悠遠則博厚博厚則高明博厚所以載物高
明所以覆物是至德若天地覆燾持載含容者也云孔子
曰中庸之爲德其至矣乎者此是論語雍也之文引之者
證此至德與中庸之德爲一之意云敏德仁義順時者也
者人君施政春夏行賞爲仁秋冬行罰爲義是仁義順時
敏疾爲德者也又引說命曰敬遜務時敏厥脩乃來者尚
書說命之篇傅說告高宗以學問之事遜順也敏疾也厥

其也爲君之法當恭敬順道務在順時疾而行之則其德
之脩乃從學而來引之者證仁義順時之義也云孝德尊
祖愛親守其所以生者也者孝德不如上二德直能善父
母爲孝施德於親而已故云守其所以生者也又引孔子
曰武王周公其達孝矣乎至之事是禮記中庸文言二人
通達行孝者也云夫孝者善繼人之志善述人之事者案
中庸上文云無憂者其惟文王乎父作之子述之則善繼
人之志據周公以武王時未大平不得制禮作樂周公攝
政六年大平乃制作禮樂爲善繼文王之志則尚書云考
朕昭于刑乃單文祖德是也善述人之事者據武王能述
父以伐紂之事則尚書序云惟十有一年武王伐殷是也
云孝在三德之下三行之上德有廣於孝而行莫尊焉者
欲見至德敏德五帝已上所行直明在心爲德而已不見
其行孝德是三王已下所行德行兼見之矣故三德以孝
德爲下故云德有廣於孝則至德敏德是二德廣於孝德
也而行莫尊焉者三行之中孝行施於父母爲上順行友

行施於外人爲下故云而行莫尊焉莫無也無尊於事父
毋也云國子公卿大夫之子弟者此經直言國子案禮記
王制云春秋教以禮樂冬夏教以詩書下文云王大子王
子羣后之大子卿大夫元士之適子皆造焉故知國子之
中有卿大夫之子也鄭不言王大子及元士之適子者略
言之其實皆有也王制惟言大子適子不言弟鄭知兼有
弟者大司樂及此下文皆云教國子弟連弟而言故鄭兼
言弟也云師氏教之而世子亦齒焉學君臣父子長幼之
道者此約文王世子文也案彼云行一物而三善皆得者
惟世子而已其齒於學之謂也故世子齒於學國人觀之
曰將君我而與我齒讓何也曰有父在則禮然然而衆知
父子之道矣其二曰將君我而與我齒讓何也曰有君在
則禮然然而衆著於君臣之義也其三曰將君我而與我
齒讓何也曰長長也然而衆知長幼之節矣是世子與國
人學生齒焉之事案此經有至德敏德孝德老子亦有三
等之德案老子道經云道可道非常道河上公云謂經術

政教之道非自然長生之道常道當以無爲養神無事安民含光藏曜滅跡匿端不可稱以道又案德經云上德不德是以有德河上公注云上德大古無名號之君德大無上故言上德不德言不以德教民因循自然其德不見故言不德是以有德者也又云下德不失德是以無德注云下德謂號謚之君德不及上德故言不失德以其德見其功稱是以謂之無德又云失道而後德失德而後仁失仁而後義失義而後禮注云道衰德化德衰而仁愛見仁衰而忿爭明義衰而聘行玉帛又案握河紀堯曰皇道帝德非朕所專又中候義明云洞五九禮閼郵注云閼止郵過言五帝後洞三王之世其治各九百歲當以禮止過也案此諸文言之此至德覆燾持載含容之德同於天地與老子常道及上德不德爲一物皆是燧皇巳上無名號之君所行故河上公云上德無名號之君所行也此敍德則老子云可道之道非常道下德不失德之德亦一也故河上公云政教經術有名號之君所行以其三皇五帝爲政皆

須仁義順時故鄭云敏德仁義順時也若然老子云失道而有德失德而有仁者是三皇行可道之道五帝行下德不失德之德即堯云皇道帝德亦謂此道德於此經同爲敏德也其三王同行孝德耳其老子又云失德而有仁失仁而有義失義而有禮禮專據三王之時故云洞五九禮闕鄭若然仁義在禮前德後則五帝與三王俱有仁義故禮記云堯舜率天下以仁而民從之又云禹立三年百姓以仁遂焉是以仁義關在五帝三王之間者也若然禮記云生乎今之世反古之道謂不行今之法全行古之道故非之也

居虎門之左司王朝釋曰言師氏之官既知三德三行故居路門之左畫虎之處司察王朝若有善事可行者則前告王有所改爲也注虎門路寢門也王日視朝於路寢門外畫虎焉以明勇猛於守宜也司猶察也察王之視朝若有善道可行者則當前以詔王 釋曰鄭知虎門是路寢門者其路寢庭朝及庫門外之朝非常朝之處司士所掌路門外是

常朝日所朝之所經云司王朝明據此朝故鄭以路寢門外解之此即上文以美詔王之義也**掌國中失之事以教國子弟**釋曰以其師氏知德行識其善惡得失故掌國家中禮失禮之事以教國之子弟國之子弟即王大子巳下言弟即王庶子以其諸侯巳下皆以適子入國學庶子不入故知也**注**教之者使識舊事也中中禮者也失失禮者也故書中爲得杜子春云當爲得記君得失若春秋是也　釋曰云教之使識舊事也者即中失之事是也云中中禮也又引子春之義從古書中爲得得謂得禮者中與得俱合於義故兩從之言若春秋者王藻云動則左史書之言則右史書之是記君得失之事故云若春秋也此春秋即魯史是也謂記君之事也**凡國之貴遊子弟學焉**釋曰言凡國之貴游子弟即上國之子弟言游者以其未仕而在學游暇習業**注**貴遊子弟王公之子弟遊無官司者杜子春云遊當爲猶言雖貴猶

學　釋曰云王公之子弟者此即王制云王大子王子羣后之大子卿大夫元士之適子公即三公羣后卿大夫元士之子略言之也云游無官司者官司則事繁不得為游故鄭以無官司解之鄭既以游為無官司又引子春游當為猶言雖貴猶學者亦義得兩通故引之在下也

凡祭祀賓客會同喪紀軍旅王舉則從　釋曰祭祀則郊廟及山川社稷揔是也賓客謂諸侯及卿大夫來朝聘或在朝或在廟會同亦或在畿內或在畿外軍旅謂出畿外征伐王舉者舉行也此數事王行之時師氏則從以王所在皆須詔王以美道故也　**注**　舉猶行也故書舉為與杜子春云當為與謂王與會同喪紀之事　釋曰既訓舉為行又引子春從故書為與者亦義得兩通故亦引之在下也

聽治亦如之　注謂王舉於野外以聽朝　釋曰即上數事王所在皆有朝以聽治之故從王亦如上虎門之左同故云亦如之

使其屬

師四夷之隸各以其兵服守王之門外且蹕釋曰
云使其屬者屬即序官師氏中大夫之下有屬官上士二
人并有府史胥徒之等使此人帥四夷之隸若秋官蠻隸
之等各使四夷隸以其本國之兵器及其服以守注兵服
王之門外以衛王并使蹕止行人故云且蹕也注旃布
弓劒不同也門外中門之外蹕止行人不得迫王宮也故
書隸或作肆鄭司農云讀爲隸釋曰云兵服旃布及弓
劒者東方南方其服布其兵劒西方北方其服旃其兵弓
矢云門外中門之外者案閽人掌中門之禁則中門內也
人不得入明在中門之外朝在野外則守內列釋曰云朝在野外即上文聽治是也注
內列蕃營之在內者也其屬亦帥四夷之隸守之如守王
宮釋曰云內列蕃營之在內者言蕃營之在內謂若司
戈盾云及舍設藩盾者也案司隸職云守野舍之厲禁上
文云使其屬帥四夷之隸則三處皆帥四夷隸守之故云

其屬亦帥四夷之隸守之如守王宮也

保氏掌諫王惡釋曰掌諫王惡者師氏掌三德三行以美道詔王保氏以師氏之德行審喻王王有惡則諫之故云掌諫王惡注諫者以禮義正之文王世子曰保也者慎其身以輔翼之而歸諸道者也釋曰云諫者以禮義正之者君臣主義故知諫者以禮義諫正王也引文王世子者彼亦是教世子法以教世子法保護王身同故引之以其保者是保安之義故使王謹慎其身而歸於道而養國子以道乃教之六藝一曰五禮二曰六樂三曰五射四曰五馭五曰六書六曰九數乃教之六儀一曰祭祀之容二曰賓客之容三曰朝廷之容

四曰喪紀之容五曰軍旅之容六曰車馬之容

釋曰此道即上師氏三德三行故鄭云以師氏之德養行審喻之乃教之六藝已下此乃保氏所專教也注國子以道者以師氏之德行審諭之而後教之以藝儀也五禮吉凶賓軍嘉也六樂雲門大咸大韶大夏大濩大武也鄭司農云五射白矢參連剡注襄尺井儀也五馭鳴和鸞逐水曲過君表舞交衢逐禽左六書象形會意轉注處事假借諧聲也九數方田粟米差分少廣商功均輸方程贏不足旁要今有重差夕桀句股也祭祀之容穆穆皇皇賓客之容嚴恪矜莊朝廷之容濟濟蹌蹌喪紀之容涕涕翔翔軍旅之容闞闞仰仰車馬之容顛顛堂堂玄謂祭祀之容齊齊皇皇賓客之容穆穆皇皇朝廷之容濟濟翔翔喪紀之容纍纍顛顛軍旅之容暨暨詻詻車馬之容匪匪翼翼

釋曰案文王世子云太傅審父子君臣之道以示之少傅奉世子以觀大傅之德行而審喻之師也者教之以

事而喻諸德者也保也者慎其身以輔翼之而歸諸道者也不云保氏以師氏之德行審喻之者鄭以義約之少傅旣以大傅之德審喻之明保氏亦以師氏之德行審喻之可知故鄭言之耳云五禮吉凶賓軍嘉大宗伯文六樂雲門已下大司樂文先鄭云五射白矢已下無正文或先鄭別有所見或以義而言之云白矢者矢在侯而貫侯過見其鏃白云參連者前放一矢後三矢連續而去也云剡注者謂羽頭高鏃低而去剡剡然云襄尺者臣與君射不與君並立襄君一尺而退云井儀者四矢貫侯如井之容儀也云五馭者馭車有五種云鳴和鸞者和在式鸞在衡案韓詩云升車則馬動馬動則鸞鳴鸞鳴則和應先鄭依此而言云逐水曲者無正文先鄭以意而言謂御車隨逐水勢之屈曲而不墜水也云過君表者謂若毛傳云褐纏旃以爲門裘纏質以爲槸間容握驅而入擊則不得入穀梁亦云艾蘭以爲防置旃以爲轅門以葛覆質以爲槷流旁握御擊者不得入是其過君表即褐纏旃是也云舞交衢

者衢道也謂御車在交道車旋應於舞節云逐禽左者謂
御驅逆之車逆驅禽獸使左當人君以射之人君自左射
故毛傳云故自左膘而射之達于右腢爲上殺又禮記云
佐車止則百姓田獵是也云六書象形之等皆依許氏說
文云象形者日月之類是也象日月形體而爲之云會意
者武信之類是也人言爲信止戈爲武會合人意故云會
意也云轉注者考老之類是也建類一首文意相受左右
相注故名轉注云處事者上下之類是也人在一上爲上
人在一下爲下各有其處事得其宜故名處事也云假借
者令長之類是也一字兩用故名假借也六曰云諧聲者
即形聲一也江河之類是也皆以水爲形以工可爲聲但
書有六體形聲實多若江河之類是左形右聲鳩鴿之類
是右形左聲草藻之類是上形下聲婆娑之類是上聲下
形圃國之類是外形內聲闤闠衡銜之類是外聲內形此
聲形之等有六也依鄭義案孝經緯援神契三皇無文則
五帝已下始有文字故說者多以蒼頡爲黃帝史而造文

字起在黄帝於後滋益而多者也云九數者方田已下皆依九章筭術而言云今有重差夕桀句股也者此漢法增之馬氏注以爲今有重差夕桀夕桀亦是筭術之名與鄭異案今九章以句股替旁要則旁要句股之類也云祭祀之容穆穆皇皇至堂堂者皆是先鄭以意所釋不依經典故後鄭不從後鄭云祭祀之容齊齊皇皇賓客之容穆穆皇皇朝廷之容濟濟翔翔已上皆禮記少儀文喪紀之容纍纍顛顛軍旅之容暨暨詻詻禮記玉藻之文車馬之容匪匪翼翼亦少儀文故鄭少儀注還引此六儀以證彼也

凡祭祀賓客會同喪紀軍旅王舉則從聽治亦如之使其屬守王闈

注 闈宮中之巷門 釋曰言亦如之已上與師氏同從王之事其屬守王闈者亦謂在國其師氏守中門外此保氏守王闈門

司諫掌糾萬民之德而勸之朋友正其行而強之道藝巡問而觀察之以時書其德行道藝辨其能而可任於國事者

釋曰以時書其德行道藝者此萬民時所習即大司徒所云以鄉三物教萬民一曰六德知仁聖義忠和二曰六行孝友睦婣任恤此德行也彼又云三曰六藝禮樂射御書數即此道藝也云辨其能而可任於國事者案鄉大夫職云興賢者能者賢謂德行能謂道藝彼則賢能俱興此直云辨其能可任於國事不言賢者既辨其能則賢者自然亦辨而舉之可知也

注 明友相切磋以善道也強猶勸也學記曰強而弗抑則易巡問行問民間也可任於國事任吏職

釋曰案鄭注論語同門曰朋同志曰友則彼其共在學者切磋以道義此勸萬民爲友朋則若孟子所云守望相助出入相友者同故鄭云切磋以善道也云任吏

職者案鄉大夫所舉者謂鄉民之有德行道藝云辨其能
爲吏職者亦謂以入治之若然任吏職者謂使爲比長閭
胥族師之類是也以攷鄉里之治以詔廢置以行赦宥注因
巡問勸強萬民而考鄉里吏民罪過以告王所當罪不
釋曰司諫考鄉里之治者由上文巡問即察官民善不也
云而考鄉里吏民罪過者以巡問觀察萬
民則知吏之治不故鄭兼吏民揔言之
司救掌萬民之衺惡過失而誅讓之以禮防禁
而救之釋曰云掌萬民之衺惡過失而誅讓之者此經與
下文二經爲揔目也則云衺惡謂坐嘉石之罷民
不入圜土者過失謂不坐嘉石入圜土者也云而誅讓之
者即下二文三讓是也云以禮防禁而救之者此衺惡及
過失皆去冠飾其過失者又使入圜土耳云
救之者皆使困苦而令改惡從善是救之也注衺惡謂侮慢長老語

言無忌而未麗於罪者過失亦由衺惡酗醟好訟若抽拔兵器誤以行傷害人麗於罪者誅誅責也古者重刑且責怒之未即罪也　釋曰衺惡云未麗於罪者謂未附於圜土之罪也云酗醟者孔注尚書云以酒爲凶曰酗此據字酒旁爲凶是因酒爲凶者也若然醟者醟下作酉小人飲酒一醉曰富亦因酒爲醟俱是酒之省水之字也云麗於罪者謂附圜土罪者也云古者重刑且責怒之未即罪也者鄭云古者重刑者據周時爲古云責解經誅怒之解經罰也云未即罪者各有所對此圜土對五刑之刑人則異未即罪也以其未入五刑之罪且役之耳鄭少知過失亦由衺惡者司寇職云以嘉石平罷民又云圜土收教罷民二者同名罷民以其爲惡大者皆因小以致大故知過失之重亦因衺惡之輕也

凡民之有衺惡者三讓而罰三罰而士加明刑恥諸嘉石役諸司空　釋曰此一經論衺惡嘉石之罷

民也云三讓而罰者凡欲治罰人者皆先以言語責讓之乃行治罰云三罰而士加明刑三罰既訖乃送司寇使朝士於外朝坐嘉石恥之也云役諸司空者坐訖乃送司空使役之也注罰謂撻擊之也加明刑者去其冠飾而書其褭惡之狀著之背也嘉石朝士所掌在外朝之門左使坐焉以恥辱之既而役諸司空使事官作之也坐役之數存於司寇　釋曰云加明刑者去其冠飾者案司圜云凡害人者弗使冠飾彼據過失入圜土者使冠尊不居肉袒之體豈嘉石之罷民而著冠乎明其去冠飾也知書其罪狀者以其稱明刑既不虧體明知書其罪狀著於背爲明刑也云嘉石朝士至外朝之門左並朝士職文故彼云左嘉石平罷民也云役諸司空使事官作之也者以其司空主事故也云坐役之數存於司寇者司寇云重罪旬有三日坐朞役其次九日坐九月役其次七日坐七月役其次五日坐五月役其下罪三日坐三月役是其坐役之數也其有過失者三讓而罰

三罰而歸于圜土 釋曰此經論圜土之刑人云三讓而罰者亦如上三度責讓乃治罰之三罰訖乃歸與司寇使納之圜土也 注圜土獄城也過失近罪晝日任之以事而收之夜藏於獄亦加明刑以恥之不使坐嘉石其罪已著未忍刑之 釋曰云過失近罪者謂對衺惡未近罪此圜土之刑人近五刑之罪故入圜土也云晝日任之以事者亦使司空使之云收之者以其罪重使人收斂之不使漫游云夜藏於獄者此與嘉石者異云亦加明刑者亦如嘉石以書其罪狀著於背以恥之云不使坐嘉石其罪已著者彼坐嘉石者罪輕未著須坐嘉石使衆人知之此等罪重已著不須坐嘉石也云未忍刑之者此五刑之罪又輕故未忍刑之也 凡

歲時有天患民病則以節巡國中及郊野而以王命施惠 注天患謂烖害也節旌節也施惠賙恤之 釋曰天患謂烖害也者謂天與人物爲烖害

謂水旱之栽及疫病之害也知節是旌節者道路用旌節此經巡國及郊野是道路之事故知旌節也

調人掌司萬民之難而諧和之釋曰此一經與下經爲捴目言萬民之難即下經凡和難已下是也注難相與爲仇讎諧猶調也釋曰言仇讎者案左氏桓公傳云怨耦曰仇則仇是怨也讎謂報也即下文父之讎已下皆是怨當報之故云仇讎也

凡過而殺傷人者以民成之釋曰此謂非故心是過誤或殺或傷於人者成平也既非故心故共鄉里之民共和解之注過無本意也成平也鄭司農云以民成之謂立證佐成其罪也一說以鄉里之民共和解之春秋傳曰惠伯成之之屬釋曰先鄭雖爲兩說後鄭以後說爲是故下注云上說立證佐成其罪似非也此過失即司刺云再宥曰過失是也引春秋者左氏文七年傳云魯穆伯娶於莒曰戴己其娣聲己戴己卒又聘於莒莒人以聲己辭則爲襄仲聘焉又云且

為仲迎及鄢陵登城見之美自為娶之仲請攻之公將許
之叔仲惠伯諫曰臣聞兵作於內為亂於外為寇寇猶及
人亂自及也今臣作亂而君不禁以啓寇讎若之何公止
之惠伯成之注去平二子使仲會之公孫敖反之復為兄
弟如初是其事並**鳥獸亦如之**注過失殺傷人之畜產者釋曰亦謂過誤殺傷人之鳥獸若
鷹隼牛馬之屬亦以民平和之案今殺傷人牛馬
之等償其價直耳和之使辟於此不得就而仇之**凡和**
難父之讎辟諸海外兄弟之讎辟諸千里之外
從父兄弟之讎不同國君之讎眡父師長之讎
眡兄弟主友之讎眡從父兄弟釋曰云父之讎辟諸海外已下皆是
殺人之賊王法所當討即合殺之但未殺之間雖以會赦
猶當使讎鄉辟讎也是以父之讎辟之海外兄弟之讎辟

諸千里之外從父兄弟之讎不同國別國即得去君之讎
眡父者謂同國人殺君眡猶比比父亦辟之海外云師長
之讎眡兄弟者師長謂見受業師與兄弟同去主友之讎
眡從父兄弟者注云主大夫君也此經略言其不言者皆
以服約之伯叔父母姑姊妹女子子在室及兄弟子衆子
一與兄弟同其祖父母曾祖父母高祖父母其孫承後皆
斬衰皆與父同其不承後者祖與伯叔同曾祖高祖齊衰
三月皆與從父兄弟同以其同繩屨故也自外不見者據
服爲斷也其兄弟及從父兄弟師長主友皆爲無子復無
親於已者故據已親疏爲遠近若有子及親於已則自從
親爲斷 注 和之使辟於此不得就而仇之九夷八蠻六戎五
狄謂之四海主大夫君也春秋傳曰晉荀偃卒而
視不可含宣子盥而撫之曰事吳敢不如事主 釋曰云
和之使辟於此者此謂海外千里外之等云九夷之等據
職方明堂位而言案漢時徐州刺史荀文若問玄周禮父
之讎辟之海外今青州人讎在遼東可以王法縱不討乎

當問之時玄已年老昏旄意忘九夷八蠻六戎五狄謂之
四海然則周禮謂在四海之外辟之如是亦是遠矣近則
青州遼東作難未達周公聖意所趣若文若之難海水爲
四海故今辨之然雖近東夷之人當辟之西戎餘者放此
引春秋者襄十八年左氏晉荀偃伐齊十九年反荀偃癉
疽生瘍於頭濟河及著雍病目出士匄請見不納請後曰
鄭玥可甲寅卒而視不可含宣子盥而撫之曰事吴敢不
如事主是也趙商問調人職稱父之讎辟諸海外君亦然
注使辟於此不得就而讎之商以春秋之義子不復讎非
子臣不討賊非臣楚勝之徒猶言鄭人在此讎不遠矣不
可以見讎而不討於是伐之臣感君恩孝子思其親不得
不報和之而已子夏曰居父母之仇如之何孔子曰寢苦
枕干不仕不與共天下遇諸市朝不反兵天下尚不反兵
海內何爲和之豈宜不達二禮所趣小子曰惑少蒙解說
鄭荅曰讎在九夷之東八蠻之南六戎之西五狄之北雖
有至孝之心能往討不乎子之所云論於此義案楚勝乎

王之孫子木之子平王爲子木聘女於秦而自納之子木奔鄭子木爲鄭人殺之案哀十六年云子木其子勝在吳子西召之使處境爲白公請伐鄭子西曰楚未節也不然吾不忘也他日又請許之未起師晉人伐鄭楚救之與盟勝怒曰鄭人在此讎不遠矣又云秋七月殺子西子期于朝是其事也若然鄭云雖有至孝之心能往討之不乎者欲明孝子雖會赦恒有復讎之心故迸之海外使絕忠臣孝子心使無往之緣其孔子云寢苫枕干不仕者可通之會赦之後恒然其君亦然恐來入中國則殺之也復讎之法依異義古周禮說復讎可盡五世五世之內五世之外施之於己則無義施之於彼則無罪所復者惟謂殺者之身乃在被殺者子孫可盡五世得復之鄭從之也

弗辟則與之瑞節而以執之 釋曰此經使辟者其人戀鄉不肯辟是違王命之人則在上與調人瑞節執而付秋官與之罪也

注 瑞節王節之刻圭也和之而不肯辟者是不從王命也王以刻

聿使調人執之治其罪 釋曰鄭知瑞節是琰圭者案典
瑞云琰圭以和難故知是琰圭也鄭又知使調人執瑞節
不使死家執之者此王法治
之明使調人之官執之也
凡殺人有反殺者使邦國交讎之
注反復也復殺之者此欲除害弱敵也邦國
交讎之明不和諸侯得者即誅之鄭司農云
有反殺者謂重殺也 釋曰云有反殺者反復也謂既殺
一人其有子弟復殺之恐後與己爲敵而害己故鄭云欲
除害弱敵也云邦國交讎之者其殺人者或逃向
鄰國所之之國得則讎之故云邦國交讎之也
凡殺人而義者不同國令勿讎讎之則死
注義宜也謂
父母兄弟師
長嘗辱焉而殺之者如是爲得其宜雖所殺者人之父兄
不得讎也使之不同國而已 釋曰論語云見義不爲無
勇也彼義則此有義者也故云義宜也謂父母兄弟師長
三者嘗辱焉子弟及弟子則得殺之是得其宜也云雖所

殺者人之父兄不得讎也者直言父兄不言子弟略之也古者質故三者被辱即得殺之也凡有鬭怒者成之不可成者則書之先動者誅之釋曰言鬭怒則是言語忿爭未至毆擊故成之若相毆擊則當罪之也故鄭云鬭怒謂辯訟也注鬭怒辯訟者也不可成不可平也書之記其姓名辯本也鄭司農云成之謂和之也和之猶今二千石以令解仇怨後復相報移徒之此其類也玄謂上言立證佐成其罪以非釋曰云上言立證者即經云過而殺傷人者以民成之司農於彼注兩解之初解成謂立證佐成其罪復一解成爲平和之義此注先鄭復云成之謂和之以和解成則上文云立證佐成其罪似非取此以破前也

媒氏掌萬民之判注判半也得耦爲合主合其半成夫婦也喪服傳曰夫妻判合鄭司農云

主萬民之判合　釋曰云得耦爲合者始雖以萬民爲主上至天子皆得耦爲合主於萬民而言但士以上兼妾媵爲異耳引喪服傳者證判爲合義　凡男女自成名以上皆書年月日名焉　釋曰此經論媒氏之官合男女必先知男女年幾故萬民之男女自三月父名之以後皆書年月日及名以送與媒氏媒氏官得之以勤男三十女二十配成夫婦也　注鄭司農云成名謂始生三月父名之　釋曰子生三月父名之禮記内則文案内則三月之末父執子右手孩而名之又云夫告宰名宰辯告諸男名書曰某年某月某日某生而藏之注引桓六年九月丁卯子同生是也　令男三十而娶女二十而嫁　注二三者天地相承覆之數也易曰參天兩地而倚數焉　釋曰云二三者天地相承覆之數也者此二十女三十男法天地相承覆之數也云易曰叅天兩地而奇數焉者案易繫辭所云天一地二天三地四天

五地六是就生數之中天三度生地二度生

象天三覆地二故云天地相承覆之數也　凡娶判妻

入子者皆書之　釋曰云凡者以其此經揔說天子已下娶妻及媵之事故云凡以廣之　注

書之者以別未成昏禮者鄭司農云入子者謂嫁女者也

玄謂言入子者容媵姪娣不聘之者　釋曰媒氏以男女

既有未成昏之籍書其已成昏者以別未昏以待後昏也

先鄭云入子者謂嫁女後鄭不從者經判妻已是嫁女後

更言入子明非嫁女也故後鄭云玄謂言入子者容媵姪

娣不聘之者也案成公九年春二月伯姬歸于宋夏晉人

來媵是媵也姪娣而書者謂待年於父母者也隱二年冬

伯姬歸于紀七年春三月叔姬歸于紀何休云叔姬者伯

姬之媵也至是乃歸者待年父母國也婦人八歲備數十

五從嫡二十承事君子媵賤書者後爲嫡終有賢行鄭君

或與何休異如是言娶判妻姪娣後去者則存焉故入子

謂媵與姪娣後去者也案昏禮云雖無娣媵先則媵與姪

娣一也此鄭云媵姪娣不正是一者既言媵又云姪娣故
知別且媵與姪娣相對則姪娣無媵稱故莊公十九年秋
公子結媵陳人之婦于鄄公羊云媵者何諸侯娶一國則
二國往媵之以姪娣從是其義也媒氏掌萬民之判得有
媵與姪娣者庶人或無妾亦容有者且媒氏所掌雖以萬
民爲主亦容有尊者娶法故鄭云容媵姪娣不聘也知不
聘者見內則云聘則爲妻奔則爲妾故也王肅曰周官云
令男三十而娶女二十嫁謂男女之限嫁娶不得過此也
三十之男二十之女不待禮而行之所奔者不禁娶何三
十之限前賢有言丈夫二十不敢不有室女子十五不敢
不有其家家語魯哀公問於孔子男子十六精通女子十
四而化是則可以生民矣聞禮男三十而有室女二十而
有夫豈不晚哉孔子曰夫禮言其極亦不是過男子二十
而冠有爲人父之端女子十五許嫁有適人之道於此以
往則自昬矣然則三十之男二十之女中春之月者所謂
言其極法耳昭曰禮記本命曰中男三十而娶女二十而

嫁合於中節大吉男五十而有室女三十而嫁尚書大傳曰孔子曰男三十而娶女二十而嫁通於織紝紡績之事黼黻文章之美不若是則上無以孝於舅姑而下無以事夫養子穀梁傳曰男子二十而冠冠而列丈夫三十而娶尹更始云男三十而娶女十五許嫁笄二十而嫁曲禮三十曰壯有室盧氏云三十盛壯可以取女內則三十而有室始理男事女子十五笄二十而嫁有故二十三而嫁經有夫婦之長殤舊說三十而娶而有夫婦長殤者何關盛衰一說關畏猒溺而殤之盧氏以爲衰世之禮也張融從鄭及諸家說又春秋外傳越王句踐蕃育人民以速報吳故男二十而娶女子十七而嫁如是足明正禮男不二十娶女不十七嫁可知也

中春之月令

會男女 注中春陰陽交以成昏禮順天時也 釋曰王肅論云吾幼爲鄭學之時爲謬言尋其義乃知古人可以於冬自馬氏以來乃因周官而有二月詩東門之楊其葉牂牂毛傳曰男女失時不逮秋冬三星參也十月而見

東方時可以嫁娶又云時尚暇務須合昏因萬物閉藏於冬而用生育之時娶妻入室長養之母亦不失也孫卿曰霜降逆女冰泮殺止詩曰將子無怒秋以爲期韓詩傳亦曰古者霜降逆女冰泮殺止士如歸妻迨冰未泮爲此驗也而玄云歸使之來歸於己謂請期時來歸之言非請期之名也或曰親迎用昏而曰旭日始旦何用哉詩以鳴鴈之時納采以感時而親迎而周官中春合會男女之無夫家者於是時奔者不禁則昏姻之期非此日也孔子家語曰霜降而婦功成嫁娶者行焉冰泮而農業起昏禮殺於此又曰冬合男女秋班時位也昭曰有女懷春吉士誘之春日遲遲女心傷悲綢繆束芻三星在隅我行其野蔽芾其樗倉庚于飛熠燿其羽詩豳頌曰天命玄鳥降而生商月令仲春玄鳥至之日以大牢祠于高禖天子親往玄鳥生乳之月以爲嫁娶之候天子重之而秖焉凡此皆與仲春嫁娶爲候者也夏小正曰二月冠子嫁女娶妻之時秋以爲期此淫奔之時夏小正曰二月綏多士女交昏於仲

春易泰卦六五帝乙歸妹以祉元吉鄭說之五爻辰在卯
春爲陽中萬物以生生育者嫁娶之貴仲春之月嫁娶男女
之禮福祿大吉易之咸卦柔上剛下二氣感應以相與嘗
說男下女召南草蟲之詩夫人待禮隨從在塗見采鼈者
以詩自興又云士如歸妻迨冰未泮舊詩云士如歸妻我
尚及冰未定納其篇義云嫁娶以春陽氣始生萬物嫁娶
亦爲生類故管子篇時令云春以令男女辭謹案春秋魯
送夫人嫁女四時通用無譏文然則孔子制素王之法以
遺後世男女以及時盛年爲得不限以日月家語限以冬
不附於春秋之正經如是則非孔子之言嫁娶也以仲春
著在詩易夏小正之文且仲春爲有期之言秋冬春三時
嫁娶何自違也家語冬合男女窮天數之語詩易禮傳所
載咸泰歸妹之卦國風行露綢繆有女懷春倉庚于飛熠
燿其羽春日遲遲樂與公子同歸云歌小雅我行其野蔽
芾其樗之歎此春娶之證也禮諸侯越國娶女仲春及冰
未散請期乃足容往反也秋如期往淫奔之女不能待年

故設秋迎之期標有梅之詩殺紂暴亂娶失其盛時之年習亂思治故戒文王能使男女得及其時陳晉棄周禮爲國亂禮傷故刺昏姻不及仲春玄說云嫁娶以仲春既有羣證故孔晁曰有女懷春毛云春不暇待秋春日遲遲女心傷悲謂蠶事始起感事而出蔽芾其樗喻惡夫熠燿其羽喻嫁娶之盛飾三星在隅孟冬之月參見東方舉正昏以刺時此雖用毛義未若鄭云用仲春爲正禮爲密也是以詩云匏有苦葉濟有深涉箋云匏葉苦而渡處深謂八月時陰陽交會始可以爲昏禮納采問名又云士如歸妻迨冰未泮箋云歸妻使之來歸於己謂請期冰未散正月中以前二月可以爲昏然則以二月爲得其實惟爲有故者得不用仲春

於是時也奔者不禁

注重天時權許之也

釋曰云於是時謂是仲春時此月既是娶妻之月若有父母不娶不嫁之者自相奔就亦不禁之但人而無禮胡不遄死以當禮乃可得爲配言奔者不禁者鄭云權許之其實非正禮也

若

無故而不用令者罰之注無故謂無喪禍之變也有喪禍者娶得用非中春之月

雜記曰己雖小功既卒哭可以冠子娶妻　釋曰言令者即上中春之月令會男女男女有喪禍之故得不用中春令無故不用令則罪罰之也注引雜記者證喪禍之故於月數滿雖非中春可以嫁娶也云己雖小功者彼上文有父小功之末可以冠娶故云己雖小功也

司男女之無夫家者而會之注司猶察也無夫家謂男女之鰥寡者　釋曰上文已云令會男女謂無夫家者也今又言司察男女無夫家是嘗已有匹配故鄭云無夫家謂男女之鰥寡者也

凡嫁子娶妻入幣純帛無過五兩注純實緇字也古緇以才爲聲納幣用緇婦人陰也凡於娶禮必用其類五兩十端也必言兩者欲得其配合之名十者象五行十日相成也士大夫乃以玄纁束帛天子加以穀圭諸侯加以大璋雜記曰納幣一束束五

兩兩五尋然則每端二丈　釋曰凡嫁子娶妻含尊卑但
云緇帛文主庶人耳注純實緇字也古緇以才爲聲者緇
以絲爲形才爲聲故誤爲純字但古之緇有二種其緇布
之緇糸旁甾後不誤故禮有緇布冠緇布衣存古字若以
絲帛之緇則糸旁才此字諸處不同絲理明者即破爲色
此純帛及祭義蠶事以爲純服故論語云麻冕禮也今也
純儉如此之類皆絲理自明即爲色解之昏禮云女次純
衣鄭云純衣絲衣以昏禮直云純衣絲理不明故爲絲衣
解之也云五兩十端者古者二端相向卷之共爲一兩五
兩故十端也云十者象五行十日相成者左傳云天有六
氣降生五行行各有二日東方木爲甲乙南方火爲丙丁
中央土爲戊己西方金爲庚辛北方水爲壬癸是十日言
相成者木八爲金九妻火七爲水六妻土十爲木八妻金
九爲火七妻水六爲土五妻所尅者爲妻是夫妻相成之
數云士大夫乃以玄纁束帛者案士昏禮玄纁束帛大夫
昏禮亦有故娶者依此禮用玄纁故云士大夫用玄纁云

天子加以穀圭諸侯加以大璋者玉人文謂加於玄纁束帛之上以行禮引雜記者證五兩兩五尋四十尺之意云納幣一束束五兩兩五尋者尋八尺則一兩四十尺五兩四五二十揔二百尺故鄭玄云然則每端二丈若餘行禮則用制幣丈八尺取儉易共此昏禮每端二丈取誠實之義故以二丈整數爲之也 禁遷葬者與嫁殤者 注遷葬謂生時非夫婦死旣葬遷之使相從也殤十九以下未嫁而死者生不以禮相接死而合之是亦亂人倫者也鄭司農云嫁殤者謂嫁死人也今時娶會是也 釋曰遷葬謂成人鰥寡生時非夫婦死乃嫁之嫁殤者生年十九巳下而死死乃嫁之不言殤娶者舉女殤男可知也 凡男女之陰訟聽之于勝國之社其附于刑者歸之于士 注陰訟爭中冓之事以觸法者勝國亡國也亡國之社奄其上而棧其下使無所通就之以聽陰訟之情明不當宣露其罪不

在赦宥者直歸士而刑之不復以聽士司寇之屬詩云牆
有茨不可埽也中冓之言不可道也所可道也言之醜也
釋曰云陰訟爭中冓之事者謂若詩之中冓以觸法也云
勝國亡國也者此社有四名若此社勝得彼國將社來謂
之勝國即此文是也若據彼國喪亡則謂之亡國之社引
公羊傳者是也又名喪國之社郊特牲云喪國之社必屋
之是也據其地則曰亳社則左傳云亳社裁是也故云勝
國亡國也故鄭引公羊傳云勝國亡國也云亡國之社者
公羊傳文云奄其上者即郊特牲屋之不受天陽者是也
云棧其下者謂於下著柴以棧之使不通陰故也故云使
無所通也云就之以聽陰訟之情明不當宣露者以其勝
國社上下不通是不宜露中冓之言亦不宣露故就而聽
之也若然案詩召伯聽男女之訟於小棠之下不在勝國
社者彼謂周公未制禮前此據制禮之後故不同云其罪
不在赦宥者直歸士而刑之不復以聽釋經附於刑者歸
於士若然在赦宥者媒氏聽之云士司寇之屬者案司寇

有士師之等屬司寇故云之屬是以鄭注詩亦云士師所當審也詩者邶詩刺衛宣公之詩引之者證經所聽者是中冓之言也

司市掌市之治教政刑量度禁令 釋曰此經與下文爲總目云掌市之治者下文云聽大治小治是也教即此下文以次叙分地之等謂教之處置貨物是也政者即下文云以政令禁物靡等是也刑者即下文云以刑罰禁虣是也量度即下文云以量度成賈是也禁令者即下文云以賈民禁僞 注量豆區升斛之屬度丈尺也 釋曰豆區斗斛之是也注屬者豆區即昭三年晏子云齊舊四量豆區釜鍾是也云斗斛即律歷志云龠合升斗斛是也此不言釜鍾與龠升者之屬中兼之也 以次叙分地而經市 釋曰司市之官次叙二事分地而置之 注次謂而以經界其市使各處所不相雜亂也

吏所治舍思次介次也若今市亭然叙肆行列也經界也
釋曰云次謂吏所治舍者吏即下文司市胥師滑思次介
次者是也云若今市亭然者舉漢法而言云叙肆行列也
者以其言叙即行肆之列故為行列解之案内宰職云設
其次置其叙正其肆注云次思次叙介次不為行列與此
注違者彼文次與叙下更云正其肆則肆為行列故分次
為思次以叙為介次也此文不具直有次叙無言正其肆
故并思次同名為次叙為行列此鄭望文為義故注不同

以陳肆辨物而平市 注陳猶列也辨物物異肆也肆異則市平 釋曰陳列也謂行列其廛肆而辨其物物異則市賈平故云平市也

以政令禁物靡而均市 注物靡者易售而無用禁之則市均鄭司農云靡謂侈靡也 釋曰司市出政令而禁其物貨細靡者但物貨細靡人買之有多貴而無用令使麤物買之者少而賤使市賈不平令禁之則市物均平故曰均市也 **以商賈**

阜也貨而行布 注通物曰商居賣物曰賈阜猶盛也鄭
司農云布謂泉也 釋曰鄭知通物曰
商者易云至日閉關商旅不行除至之日商旅則行故鄭
注大宰云行曰商行商則是通物者也鄭知居賣物曰賈
者商既通物明賈者在市而居賣物者也故鄭注大宰云
處曰賈也由此二等之人或通貨或在市賣之故貨賄
阜盛而布泉得行故
云阜貨而行布也 以量度成賈而徵價 釋曰量以
量穀粟之
等度以度布絹之等成定也二物以量度以定物賈 注徵
徵召也價買之物賈定則召買者來故云徵價也 召
也價買也物有定賈則買者來也 釋曰知價爲買者以
言徵召買者故以價爲買此字所訓不定案下文所云貴
價者鄭注貴賣之鄭亦
望文爲義故注不同也 以質劑結信而止訟 釋曰質
劑謂券
書恐民失信有所違負故爲券書結之使有信也 注質劑
民之獄訟本由無信既結信則無訟故云止訟也 注謂兩

書一札而別之也若今下手書言保物要還矣鄭司農云
質劑月平 釋曰下質人云大市以質小市以劑故知質
劑是券書是以鄭云兩書一札而別之古者未有紙故以
札書小宰職注云兩書一札同而別之此不云同明亦有
同義也鄭云若今下手書者漢時下手書即今畫指券與
古質劑同也先鄭云質劑月平小宰先鄭注亦如此解以
爲月平若今之市估文書沂得
爲一義故後鄭每引之在下也 **以賈民禁僞而除詐**
釋曰司市之官用賈民知物眞僞者 注 賈民胥師賈師之
使禁物之僞而除去人之詐虛也 屬必以賈民爲之
者知物之情僞與實詐 釋曰知賈民是胥師賈師之屬
者案下胥師職云察其詐僞飾行儥慝者而誅罰之故知
此賈民禁僞是胥師賈師之屬謂屬胥師賈師受其役使
也云知物之情僞與實詐者直依經解之情則眞也情僞
既據物而言則言 **以刑罰禁虣而去盜** 釋曰刑期於
實詐據人而說也 無刑以殺止

殺故以刑罰禁虣亂之注刑罰憲徇扑 釋曰知刑罰是
人又去其相盜竊也憲徇扑者司市所施惟施於市
中者故下云小刑憲罰中刑徇罰大刑扑罰以泉府同
其附於刑者歸於士故知惟有此三者也
貨而斂賖之釋曰下文有泉府職掌於市之罰布之等菆
今司市之官以泉府所藏之布物與民同
行其貨而民無財者賖而予之後注同共也同者謂民貨
斂取其直故云同貨而斂賖也不售則爲斂而買之
民無貨則賖貫而予之 釋曰云同者謂民貨不售則爲
斂而買之者民賣物不售則以泉府之物買取之釋經同
貨也民無貨則賖貫而予之者此謂所買得之物民有急
須而無貨者則貫予之有時斂取其直釋經斂賖也但賖
貫二字通用也大市日昃而市百族爲主朝市朝時而
市商賈爲主夕市夕時而市販夫販婦爲主釋曰

案下文市朝一夫各方百步就百步而分爲三時之市恐
不可若然則一夫者據市亭置次與叙司市及賈師胥師
聽事之處取其列行肆之處則居地多矣今經有三時之
市不先言朝市夕市而先言曰昃者據向市人多而稱大
市故先言之此三市皆於一院内爲之大市於注日昃昳
中朝市於東偏夕市於西偏鄭特牲所云是也中也市
雜聚之處言主者謂其多者也百族必容來去商賈家於
市城販夫販婦朝資夕賣因其便而分爲三時之市所以
了物極衆鄭司農云百族百姓也　釋曰云昃日昳中也
者昃者傾側之義昳者差昳之言故以昳解昃也是以尚
書無逸云文王至於日中昃不遑暇食是中後稱昃也云
市雜聚之處言主者謂多者也者謂言百族爲主則兼有
商賈販夫販婦云商賈爲主則兼有百族販夫販婦云販
夫販婦爲主則兼有百族與商賈也云百族必容來去者
百族或在城内或在城外者容其來往故於日昃以後主之
云商賈家於市城者行曰商居曰賈即賈家於市今并言

者其商雖行通物亦容於市也云朝資夕賣者資若冬資
絺夏資絲之類則資者朝買資之至夕乃賣故以資言之
云所以了物極衆者以分爲三市者欲了其所賣之物極
盡其衆也先鄭云百族百姓也者欲見此百族異於秋官
司寇戒於百族彼百族是府史以下此據市人稱百族明
據天下百姓亦非百官百姓對則正姓與氏族異通而言
之氏族則庶姓故以百姓爲百族

凡市入則胥執鞭度守門市之羣吏平肆展成奠賈上旌于思次以令市市師涖焉而聽大治大訟胥師賈師涖于介次而聽小治小訟

注凡市入謂三時之市市者入也胥守門察偽詐也必執鞭度以威正人衆也度謂殳也因刻丈尺耳羣吏胥師以下也平肆平賣物者之行列使之正也展之言整也成平也會平成市物

者也奠讀爲定整勑會者使定物賈防誑豫也上旌者以
爲衆望也見旌則知當市也思次若今市亭也市師司市
也介次市亭之屬別小者也故書泚作立杜子春云奠當
爲定鄭司農云思辭也次市中候樓也立當爲泚泚視也
玄謂思當爲司字聲之誤也　釋曰鄭知凡市入是上三
時之市者以其言凡明揔三時之市云胥守門察僞詐也
者以其執度之故也云必執鞭度以威正人衆也者鞭以
威人衆度以正人衆故并言之也云度謂殳也者案下文
廬人云毄兵同強注云改句言毄容殳無刃此文鞭度連
言則一物以爲二用若以繫鞘於上則爲鞭以長丈二因
剋丈尺則爲度知羣吏胥師以下者見下司稽職云執鞭
度而巡其前此亦執鞭度故知是胥師以下敘官云胥師
二十肆則一人胥二肆則一人鄭云胥師領羣胥則胥師
已下非直巡行肆亦更來守門故鄭揔云胥師以下知平
肆是平賣物者之行列使之正者以是經直云平肆肆是
行列恐其行肆不正以正之也云展之言整也成平也會

平成市物者也云奠讀爲定者鄭以爲平成市整敕會者
使定物價恐有豫爲誑欺故云防誑豫先鄭云思辭也後
鄭以爲思則司字聲之誤也者下云介次不爲辭明思不
得爲辭直是思司聲同故誤爲思也此思司聲同不得爲
字誤今有本云字聲之誤兼有字者讀
當云思當爲司字字絶讀之乃合義也　凡萬民之期
于市者辟布者量度者刑戮者各於其地之敘
釋曰云凡萬民之期于市有此已下三事有辟布者期
唐量者刑戮者各於其地之敘則諸物行肆之所也注謂
欲賣買期決於市也量度者若今處斗斛及丈尺也故書
辟爲辭鄭司農云辭布辭訟泉物者也玄謂辟布市之羣
吏考實諸泉入及有遺忘　釋曰云期決於市也者謂人
各自爲期限使了市事於市也云若今處斗斛及丈尺者
謂斗斛處置於米粟之肆處置丈尺於絹布之肆案前注
量豆區斗斛此中不云豆區前注廣解量名此略云市所

用故注不同樂律歷志度量衡皆起於黃鍾之律故彼云以子穀秬黍中者一黍一分九十黍黃鍾之長則一黍爲一分十黍爲寸十寸爲尺十尺爲丈十丈爲引五度審矣又云子穀秬黍中者千二百黍其實一龠合龠爲合十合爲升十升爲斗十斗爲斛五量審矣先鄭從故書辟布爲辭訟之布後鄭不從而爲羣吏考實諸泉入者若辭訟之布當歸其本主何得各有地之叙乎明不得爲辭訟之布也云考實諸泉入者辟法也謂民將物來於肆賣者肆長各考量物數得實稅入於市之泉府知民將物來於市有稅者案下文云國凶荒市無征明不凶荒有征矣其實者則亘置於地之叙欺者沒入官是其法也云及有遺忘者謂羣吏考實泉之處有遺忘者便歸令本主識認之下文得貨賄六畜之等是依列肆失者與此文列也

凡得貨賄六畜者亦如之

三日而舉之

注得遺物者亦使置其地貨於貨之肆馬於馬之肆則主求之易也三日而無識認

者舉之沒入官釋曰此謂在列肆遺忘闌失者使各歸本肆使主識認取之凡治市之貨賄六畜珍異亡者使有利者使阜害者使亡靡者使微注利利於民謂物實厚者害害於民謂物行沽者使有使阜起其賈以徵之也使亡使微抑其賈以卻之也侈靡細好使富民好奢微之而已鄭司農云亡者使有無此物則開利其道使之有釋曰云使有使阜者摠釋經亡者利者云起其賈者謂增起其賈引物自然來故使有使阜盛也云微之而已謂少抑其價使微少不絕而已先鄭云亡者使有無此物則開利其道使之有與後鄭起其賈義異引之者義得兩通故後鄭亦從之也凡通貨賄以璽節出入之釋曰金玉曰貨布帛曰賄其璽節餘物亦通而直云通貨賄者以物之貴及民之所用多者莫過貨賄故舉以言之無妨餘物亦通之注璽節印章如今斗檢封矣

使人執之以通商以出貨賄者王之司市也以內貨賄者邦國之司市也　釋曰云璽節印章如今斗檢封矣者案漢法斗檢封其形方上有封檢其內有書則周時印章上書其物識事而已云使人執之以通商者以其商旅主通貨賄故知執璽節者是通商也云出貨賄者王之司市也者以其商旅買貨賄於市以出向邦國故知是王之司市給璽節也云內貨賄者邦國之司市也者以其貨賄從邦國來富入王畿故知還是邦國之司市給璽節也此經直云入之鄭雖云內貨賄者邦國之司市亦容有從畿內入市者故下掌節云貨賄用璽節鄭云變司市言貨賄者貨賄非必由市或資於民家若然商賈於民家得出向邦國若資於民家亦亦容入來向王市賣之則璽節受之於門關矣

國凶荒札喪則市無征而作布　釋曰凶荒謂年穀不孰札謂疫病喪謂死喪恤其乏困故市無征也　注有災害物貴市不稅爲民之困也金銅無凶年因物貴大鑄泉以饒民　釋曰

以其凶年穀則貴金銅凶年亦賤故云無凶年是以諺云豐年粟儉年玉因云物貴者其物止謂米穀餘物並賤也

凡市僞飾之禁在民者十有二在商者十有二在賈者十有二在工者十有二

釋曰云凡僞飾之禁此與在民以下爲摠目故云凡以廣之

注鄭司農云所以俱十有二者工不得作賈不得粥商不得資民不得畜玄謂王制曰用器不中度不粥於市兵車不中度不粥於市布帛精麤不中數幅廣狹不中量不粥於市姦色亂正色不粥於市五穀不時果實未熟不粥於市木不中伐不粥於市禽獸魚鼈不中殺不粥於市亦其類也於四十八則未聞數十二焉

釋曰先鄭云所以俱十有二者工不得作以下云云謂民與商賈及工四者皆同十有二云工不得作者工匠主營作故云不得作云賈不得粥者以其處曰賈賈主賣粥故云不得粥云商不得資者商主通貨賄貨賄皆當豫資貯故云

不得資以民不得畜者萬民非作非粥非資故以畜聚而
言也玄謂王制曰用器不中度不粥於市者案彼鄭注云
用器弓矢耒耜耒耜長六尺弓長六尺六寸之等矢長三
尺之類皆有長短度數也云兵車不中度不粥於市者案
考工記輪人爲兵車乘車之輪崇六尺六寸成出革車一
乘出於民間故民亦有粥兵車之法云布帛精麤不中數
幅廣狹不中量不粥於市布之精麤謂若朝服十五升斬衰
三升齊衰有三等或四升或五升或六升大功已下有七
升八升九升小功有十升十一升十二升緦麻有十五升
抽去半其帛之升數禮無明文云廣狹不中量者布幅則
廣二尺二寸其繒幅則依朝貢禮廣二尺四寸云姦色亂
正色不粥於市者論語孔子惡紫之奪朱則朱是南方正
色紫是北方姦色紫奪朱色是姦色亂正色故孔子惡之
若然自餘四方皆有姦色正色若紅綠及碧等皆有亂正
色之義也云五穀不時果實未熟不粥於市鄭彼注云皆
謂不利人木不中伐不粥於市者鄭彼注引以虞衡云仲

冬斬陽木仲夏斬陰木以爲謎是非此時則木不中伐云
禽獸魚鼈不中殺不粥於市者案鼈人職云秋獻鼈蜃冬
獻龜魚案禮記王制云獺祭魚然後虞人入澤梁豺祭獸
然後殺是殺禽獸魚鼈之時得粥於市非此時則不可也
云其類也者王制所云不中度之類是在工者不中數不
中量姦色亂正色是在商者不時及未孰是在農者此等
亦兼有在賈者故云亦其類也云於四十八則未聞數十
二者王制之文從用器爲一兵車爲二布帛四姦色五
五穀六果實七木八禽九獸十魚十一鼈十二是聞之
十二矣於四十八則未聞三十云故云未聞數十二也市

刑小刑憲罰中刑徇罰大刑扑罰其附于刑者

歸于士 釋曰附于刑者歸于士者此刑各有所對言之
市刑雖輕亦名爲刑若對五刑則五種者爲刑
故云附於刑歸於士士謂秋官士師鄉士遂
士之屬其人屬彼者各歸之使刑官斷之也注徇舉以示其地之衆

也扑撻也鄭司農云憲罰播其肆也故書附為柎杜子春
云當為附　釋曰徇舉以示其地之衆也者徇列之
名故知舉其人以示其地肆之衆使衆為戒也云扑撻也
者大射云司射搢扑尚書云扑作教刑皆是笞撻為扑故
云扑撻也先鄭云憲罰播其肆也者憲是表顯之名徇既
將身以示之則此憲是以文書表示於肆若布憲之類也
國君過市則刑人赦夫人過市罰一幕世子過市
罰一帟命夫過市罰一蓋命婦過市罰一帷　注謂
諸侯及夫人世子過其國之市大夫內子過其都之市也
市者人之所交利而行刑之處君子無故不遊觀焉若遊
觀則施惠以為說也國君則赦其刑人夫人世子命夫命
婦則使之出罰異尊卑也所罰謂憲徇扑也必罰幕帟蓋
帷市者衆也此四物者在衆之用也此王國之市而說國
君以下過市者諸侯之於其國與王同以其足以互明之

釋曰云大夫內子者大夫中含有卿內子卿之妻含大夫之妻命婦也故經云命婦注云內子也若然此經大夫命婦是諸侯科中不見天子卿大夫則天子卿大夫與諸侯卿大夫及命婦亦是互見爲義也云所罰謂憲徇扑也者其憲徇刑之輕者而赦之使出帷幕難備之物者出物雖重而無恥憲徇雖輕而有愧故以出物爲輕也案幕人云掌供帷幕幄帟綬帷幕用布幄帟用繒在上曰幕在旁曰帷帟承塵其蓋當是於衆中障暑雨之蓋未必是輪人所作蓋弓二十有八在車者也云諸侯之於國與王同以其足以互明之者此王國之市若直見王后世子過市則不見諸侯已下今以王國之市而見諸侯已下過市足得互見王已下過市故云互明之也

凡會同師役市司帥賈師而從治其市政掌其賣儥之事注市司司市也儥買儥也會同師役必有市者大衆所在來物以備之　釋曰王與諸

侯行會同及師役征伐之等或在畿内或在畿外皆有市則市司師賈師而從以其知物賈故使從不帥胥師者胥師不知物價於事緩故不從也

周禮疏卷第十五

周禮疏卷第十六

唐朝散大夫行大學博士弘文館學士臣賈公彥等撰

質人掌成市之貨賄人民牛馬兵器珍異釋曰此質人若今市平準故掌成平注成平也會者平物賈而來主成其市之貨賄已下之事注平也人民奴婢也珍異四時食物釋曰云會者平物賈而來主成其平也者會謂市人會聚買賣止爲平物而來質人主爲平定之則有常估不得妄爲貴賤也此知人民奴婢也者以其在市平定其賈故知非良人是奴婢也云珍異四時食物者見下廛人云凡珍異之有滯者斂而入于膳府即果實及謂食物依四時成熟者也凡賣儥者質劑焉大市以質小市以劑注鄭司農云質劑月平賈也質大賈劑小賈之謂質劑者爲之

券藏之也大市人民馬牛之屬用長券小市兵器珍異之物用短券　釋曰先鄭以質劑爲月平大小賈若今市估文書先鄭注小宰聽賣買以質劑亦如此解後鄭以爲券書者上文成市之貨賄之等巳是市平文書則此經云大市以質小市以劑及小宰云聽賣買以質劑文勢不得爲月平故以券書可知也玄謂大市人民馬牛巳下鄭以意分之爲大小就大者而言若人民則未成齔巳下牛馬未著齒巳前亦得爲小者也

掌稽市之書契同其度量壹其淳制巡而攷之犯禁者舉而罰之

注稽猶考也治也書契取予市物之券也其券之象書兩札刻其側杜子春云淳當爲純純謂幅廣制謂匹長也皆當中度量玄謂淳讀如淳尸盥之淳　釋曰云稽猶考也治也者幷取治質劑幷解之故彖云治也書契取予市物之券者幷案小宰職云聽取予以書契經旣云書契故知與彼同非上質劑之市買者也云其券之象書

兩札刻其側者小宰注云兩書一札同而別之云刻其側若今畫指也杜子春云淳當爲純純謂幅廣制謂匹長也者即丈八尺後鄭從之後鄭不從杜子春純者純正可爲絲爲緇不得爲幅廣狹故讀從士虞禮淳尸盥之淳故內宰注依巡守禮淳四咫鄭荅志咫八寸四當爲三三咫謂二尺四寸也　凡治質劑者國中一旬郊二旬野三旬都三月邦國朞期內聽期外不聽注謂賫券契者來訟也以期內來則治之後期則不治所以絕民之好訟且息文書也郊遠郊也野甸稍也都小都大都　釋曰云謂賫券契者來訟也者云此經總上質劑與書契來訴者知郊是遠郊者以其內有國中外云野野遠郊之外明知郊是遠郊也知野是甸稍者郊外曰野是大揔之言下有都都是四百五百里明此是二百里甸三百里稍可知又知都中合大都小都者此質人揔聽畿外明此都兼大小二都可知

廛人掌斂市絘布總布質布罰布廛布而入于泉府

注布泉也鄭司農云絘布列肆之稅布杜子春云總當爲儳謂無肆立持者之稅也玄謂總讀如租穟之穟穟布謂守斗斛銓衡者之稅也質布者質人所罰犯質劑者之泉也罰布者犯市令者之泉也廛布者貨賄諸物邸舍之稅　釋曰知布泉一物者此布皆入泉府故知泉布一也是以外府云掌布注云取其水泉流通無不徧也先鄭云絘布列肆之稅布者謂在行肆坐賣物之常稅也杜子春云總當爲儳儳謂無肆立持者之稅也者後鄭不從爲守斗斛銓衡者之稅也者此經廛人掌依行肆者故不得爲無肆立持故破從租穟之穟穟布是守斗斛銓衡之稅下肆長云斂其總布是無肆立持故[illegible]從子春總當爲儳也云質布者質人所罰犯質劑者之泉也者謂犯質劑違券書罰泉也云罰布者犯市令者之泉也者謂司市有教令其人犯之使出泉云廛布者貨賄諸物邸舍之稅者謂在

行肆官有邸舍人有置物於
中使之出稅故云廛布也 凡屠者斂其皮角筋骨
入于王府 釋曰云屠者謂屠殺豕羊之類其人亦有地
稅因其屠即取皮角筋骨以飾器物者使入
王府 注以當稅給作器物也其無皮角及筋骨不中用亦
也 稅之 釋曰知以當稅者謂若山虞澤虞之等所
出稅皆云以當邦賦即地稅之類是也云無皮角及
筋骨不中用亦稅之謂若羊牛有皮角及筋骨其豕則無
之類是不中用亦使出
物之稅以當邦賦之處 凡珍異之有滯者斂而入于
膳府 釋曰云凡珍異之有滯者謂四時珍美異味買者
遂少沈滯不售者也云斂而入于膳府者謂官以
泉府之財買取之入於 注故書滯或作廛鄭司農云謂滯
膳夫之府以共官食 貨不售者官爲居之貨物沈滯
於廛中不決民待其直以給喪疾而不可售賈賤者也廛
謂市中之地未有肆而可居以畜藏貨物者也孟子曰市

廛而不征法而不廛則天下之商皆說而願藏於其市矣謂貨物諸藏於市中而不租稅也故曰廛而不征其有貨物久滯於廛而不售者官以法爲居取之故曰法而不廛玄謂滯讀如沈滯之滯珍異四時食物也不售而在廛久則將瘦臞腐敗爲買之入膳夫之府所以紓民事而官不失實釋曰先鄭云謂滯貨不售者官爲居之經直爲珍異非貨物先鄭以貨物解之故後鄭不從也先鄭又云廛謂市中之地未有肆而可居以畜藏貨物者但廛雖非肆是官之邸舍不得爲空地故後鄭不從引孟子市廛而不征者周則廛有征上文廛布是也云不征者非周法又云法而不廛則與此經同故先鄭引之後鄭增成其義也云久則將瘦臞腐敗者考工記梓人云大胷燿後臑是細小之義故云瘦臞腐敗是以爲買之

胥師各掌其次之政令而平其貨賄憲刑禁焉

注憲表縣之　釋曰案序官云胥師二十肆則一人故云各掌其次之政令云憲刑禁焉者刑謂市中之刑憲徇扑禁謂市中之禁謂市司當時設禁令非士師五禁也鄭云憲謂表縣之則經憲非爲憲徇扑之憲　**察其詐僞飾行價慝者而誅罰之**注鄭司農云價賣也慝惡也謂行且賣姦僞惡物者玄謂飾行價慝謂使人行賣惡物於市巧飾之令欺誑買者　釋曰鄭云價賣也者此經云飾行價慝明價爲賣不得爲買上文每云賣價價不得爲賣故爲買是鄭望文爲義故不定也先鄭云謂行且賣姦僞惡物以且間之則行是行步之行不爲行濫之行故後鄭不從以爲行濫解之　**聽其小治小訟而斷之**　釋曰上司市已云胥師賈師涖於介次而聽小治小訟上摠言之此止○職故申敘之也

賈師各掌其次之貨賄之治辨其物而均平之

展其成而奠其賈然後令市注辨別也　釋曰案亭官云賈師二十肆則一人與胥師數同故云各掌其次之貨賄之治也云辨其物而均平之此若與胥師所掌同云展其成而奠其賈者則與胥師異以其知物價故也以凡天患禁貴儥者使有恒賈注恒常也謂若諸米穀棺木而睹久雨疫病者貴賣之因天災害阨民使之重困　釋曰鄭云謂若諸米穀棺木者以其天患無過凶荒札喪故鄭知富人豫諸米穀以擬凶荒豫諸棺木以擬死而睹久雨疫病賣之也四時之珍異亦如之釋曰此珍異亦是富人賤時豫諸而後貴時賣之注薦宗廟之物　釋曰案月令四時有珍異之物皆云先薦寢廟故鄭以爲薦宗廟舉重而言也凡國之賣儥各帥其屬而嗣掌其月注儥買也故書賣爲買　鄭司農云謂官有所斥賣賈師帥

其屬而更相代直月爲官賣之均勞逸　釋曰先鄭云謂官有所斥賣者斥謂指斥出之故鄭注大宰亦云幣餘謂占賣國之斥幣義與此同也云賈師帥其屬而更相代者賈師之下有羣賈亦二肆則一人者使之更互相代也

凡師役會同亦如之　釋曰此亦從行所在當直爲官賣買也

司虣掌憲市之禁令禁其鬭嚻者與其虣亂者出入相陵犯者以屬遊飲食于市者　注嚻讙也鄭司農云以屬遊飲食羣飲食者　釋曰此屬遊飲食謂聚而羣遊飲食者禁之若不羣遊則得飲　若不可禁則搏而戮之

司稽掌巡市而察其犯禁者與其不物者而搏

之注不物衣服視占不與衆同及所操物不如品式 釋曰案大司徒民當同衣服今有人衣服不與衆人同又視占亦不與衆人同及所操物不如品式此皆違禁之物故搏之也掌執市之盜賊以徇且刑之釋曰上司市市中之刑無過憲徇扑附於刑者歸於士此掌執市之盜賊以徇且刑之亦無過小盜徇扑而巳故云以徇且刑之若直徇者不必有刑其刑者必徇故徇刑兩言之也胥各掌其所治之政執鞭度而巡其前掌其坐作出入之禁令襲其不正者釋曰案序官胥二肆則一人故亦云各掌其所治之政則一人掌二肆者也云執鞭度而巡其前者此鞭度亦如上文守門者謂以殳爲鞭而量物也注作起也坐趣禁令當市而不得空守之屬故書襲爲習杜子春云當爲襲謂掩捕其不正者 釋曰杜子春從襲不從古書習者習是習

學之習襲是掩襲之義故從龍衣是以左氏
公羊皆有不聲鐘鼓爲襲是掩其不備也凡有罪者撻
戮而罰之注罰之使出布　釋曰此罰布即上廛人職
云罰布一也故彼注云罰布者犯市令之布
也肆長各掌其肆之政令陳其貨賄名相近者
相遠也實相近者相爾也而平正之釋曰此肆長
謂一肆立一
長使之檢校一肆之注爾亦近也俱是物也使惡者遠善
事若今行頭者也　善自相近鄭司農云謂若珠玉之
屬俱名爲珠俱名爲玉而賈或百萬或數萬恐農夫愚民
見欺故別異令相遠使賈人不得雜亂以欺人　釋曰云
俱是物也者即司農云俱名爲珠俱名爲玉之類是也云
使惡者遠善者釋經名相遠者相遠也云善自相近者釋
經實相近者相爾也先鄭云謂若珠玉之屬已下直釋經
名相近者相遠不釋實相近者其義可知故也先鄭雖舉

珠玉貴者而餘物亦爾斂其總布掌其戒禁注杜子春云總當為儳　釋曰此肆長各主一肆故罰其無肆立持之布故後鄭引而從之也

泉府掌以市之征布斂市之不售貨之滯於民用者以其賈買之物楬而書之以待不時而買者買者各從其抵都鄙從其主國人郊人從其有司然後予之釋曰云掌以市之征布者即上廛人紘布巳下之布並入泉府而藏之故摠云征布也云各從其抵者抵謂本主所屬之吏乃付之即都鄙從其主國人郊人是也云都鄙者可兼大小都及家邑云國人者謂住在國城之內即六鄉之民也云郊人者即遠郊之外六遂之民也注故書滯為癉杜子春云癉

當爲揲鄭司農云物揭而書之物物爲揃書書其賈楬著其物也不時買者謂急求者也抵故賈也主者別治大夫也然後予之爲封符信然後予之玄謂抵實柢字柢本也本謂所屬吏主有司是也釋曰先鄭云抵故賈也後鄭不從者假令官前買時貴後或賤令依故賈與之即損民故不得依故賈以解抵也先鄭云主者別治大夫也者義或然以其公卿大夫常在王朝其都鄙別遣人治之若季氏費宰公山弗擾之輩天子都鄙蓋亦然先鄭云爲封符信然後予之者封符信謂有符信文書皆封題之計買者得主及有司然後賣不須封信文書但於理無害故後鄭不破之也後鄭破抵從柢者經是抵欺之抵故破從木傍柢柢得爲本義也云本謂所屬吏主有司是者鄭欲解柢與主有司爲一云主有司是也

凡賒者祭祀無過旬日喪紀無過三月

注鄭司農云賒貰也以祭祀喪紀故從官貰買物

釋曰先鄭之意以祭祀喪紀二者事大故賒與民不

取利凡民之貸者與其有司辨而授之以國服爲

之息釋曰貸者即今之舉物生利與上文不同云與其有司辨而授之者謂別其所授之物以與之云以國服

爲之息者所出之利注有司其所屬吏也與之別其貸民

各依國服而爲息也注之物定其賈以與之鄭司農云貸

者謂從官借本賈也故有息使民弗利以其所賈之國所

出爲息也假令其國出絲絮則以絲絮償其國出絺葛則

以絺葛償玄謂以國服爲之息以其於國服事之稅爲息

也於國事受園廛之田而貸萬泉者則朞出息五百王莽

時民貸以治產業者但計贏所得受息無過歲什一釋

曰云有司其所屬吏也者此則上文有司一也若然此經

不言都鄙主者有司中兼之故上注亦云本所屬吏是柢

本中兼二者云與之別其貸民之物者但泉府中所藏之

物種類不同欲授民之時先當分別又當定其賈數以與

之先鄭以所賈之國所出爲息已下後鄭不從者凡言服

者服事爲名此經以民之服事唯出税是也則載師云二
十而一已下是也是以鄭引載師受園廛之田而貸萬泉
者則朞出息五百萬泉出息五百計當二十而取一若然
近郊十一者萬泉朞出息一千遠郊二十而三者萬泉朞
出息一千五百甸稍縣都之民萬泉朞出息二千鄭直云
園廛者略舉以言之也云王莽時民貸以治產業者但計
贏所得受息無過歲什一者此則與周少異周時不計其
贏所得多少據本徵利王莽時雖計本多少爲定及其徵
科唯據所贏多少假令萬泉歲還贏萬泉徵
一千贏五千徵五百餘皆據利徵什一也　凡國事之
財用取具焉歲終則會其出入而納其餘 注會計也納入
也入餘於職幣　釋曰云凡國事之財用取具焉者言事
謂有司爲國家之事興作用財物者皆來向泉府取財爲
具焉泉府財盡乃於餘府別取焉云歲終則會其出入出
謂出府會計用財入謂於廛人斂取絘布已下云納其餘

者若國家來取財不盡而有餘則納與天官職幣職幣別出與人故云納其餘也

司門掌授管鍵以啓閉國門

釋曰云掌授管鍵以啓閉國門者謂用管籥以啓門用鍵牡以閉門故雙言以啓閉國門則王城十二門者也

注 鄭司農云鍵讀爲蹇管謂籥也鍵謂牡

釋曰先鄭讀鍵爲蹇蹇者欲取其蹇蹤之意云管謂籥也者即月令注管籥搏鍵器是也云鍵謂牡者以入爲牡容者爲牝者若爾雅走曰牝牡也

幾出入不物者正其貨賄凡財物犯禁者舉之

注 不物衣服視占不與衆同及所操物不如品式者 正讀爲征征稅也犯禁謂商所不資者舉之沒入官

釋曰鄭知不物是衣服之等者見王制云關執禁以幾禁異服識異言閽人云潛服賊器不入宫奇服怪民不入宫明此司門亦然故鄭以不物衣服之等解之但鄭釋不物之中有三事一者衣服二者占視皆不與衆同三者手所操持不如尋

常話式以其特異於人此三者皆須訶問所以也云正讀爲征征稅也者下文云國凶札無關門之征明無凶札之時有征稅故讀從征稅之字也云犯禁者謂商所不資者商所資者謂若國語云冬資絺夏資縣之類是商所豫資待時而賣者乃不爲犯其商所不資謂非民常用之物則舉之沒入官也**以其財養死政之老與其孤**注財所謂門關之委積也死政之老死國事者之父母也孤其子　釋曰云財所謂門關之委積也者即上遺人云門關之委積以養老孤云死政之老死國事者之父母也孤其子者即外饔云邦饗耆老孤子義與此同**祭祀之牛牲繫焉監門養之**注監門門徒　釋曰牧人六牲至祭前三月則使充人繫而養之若天地宗廟則繫於牢芻之三月若其散祭祀之牲則不在牢遺此監門門徒養之不必三月也**凡歲時之門受其餘**注鄭司農云受祭門之餘　釋曰凡歲時之門

者歲之四時祭門非一故云凡以揔之若月令秋祭門者
是祭廟門此門亦謂國門十二者除四時祭外仍有爲水
祈禱故左氏莊公二十五年
秋大水有用牲于門之事　凡四方之賓客造焉則
以告　注造猶至也告告於王而止客以俟逆　釋曰謂四
方諸侯來朝覲至關關人告王至郊郊人告王至國
門門人告王王得告皆遣人往
迎故先鄭云止客以俟逆也

司關掌國貨之節以聯門市　注貨節謂商本所發
司市之璽節也自外
來者則案其節而書其貨之多少通之國門國門通之司
市自内出者司市爲之璽節通之國門國門通之關門參
相聯以檢猾商　釋曰案下文掌節云貨賄用璽節則璽
節主通貨賄若然璽節亦可先從王司市而出鄭今解經
璽節先從邦國向内而言者以其司關在境而先云掌國
貨之節後云以聯門市是從外向内之言故鄭亦順經先

從邦國司市解之也云案其節而書其貨之多少通之國門國門通之司市者將造商人而執節者別有過所文書若下文節傳當載人年幾及物多少至關至門皆別寫一通入關家門家乃案勘而過其自内出者義亦然云參相連以檢猾商者司市與關及門三處相連恐姦猾商人或以多爲少或隱而不出而避稅故相連以檢括之也其遠郊近郊雖不置官掌之亦應有人幾問但無稅法故不言耳

司貨賄之出入者掌其治禁與其征廛 釋曰司主也主貨賄出入謂上經以聯門市者是也云與其征廛者征謂稅廛謂邸舍一事雙言也 **注** 征廛者貨賄之稅與所止邸舍也關下亦有邸客舍其出布如市之廛 釋曰云關下亦有邸客舍其出布如市之廛者案上文廛人有廛布鄭云廛邸舍此關旁亦有邸舍商人於關停止則有稅故云如市之廛也

凡貨不出於關者舉其貨罰其人 注不出於關謂

從私道出辟稅者則沒其財而撻其人　釋曰注云沒其財者解經舉其貨撻其人者解經罰其人案上憲罰之等皆是撻但舉其貨已是罰物故知罰其人是撻之可知也

凡所達貨賄者則以節傳出之　釋曰此文重釋上國貨之節上直云璽節此經兼有傳傳則過所文書　**注**商或取貨於民間無璽節者至關關爲之璽節及傳出之其有璽節亦爲之傳傳如今移過所文書　釋曰鄭云商或取貨於民間無璽節者至關關爲之璽節者若本由王市而出則司市爲之璽節商或於民間者或在郊內關內民間買得物貨不得向司市取璽節故因向關外則便於關取節而出者在城內民間資貨者司門爲璽節以出之授節者即授傳寘之

國凶札則無關門之征猶幾　釋曰此司關所掌兼言門者門關同類無征是同司門既不言故於關并言門也　**注**鄭司農六凶謂凶年飢荒也札謂疾疫死亡也越人謂死

爲札春秋傳曰札瘥夭昬無關門之征者出入關門無租
稅猶幾謂無租稅猶苛察不得令姦人出入孟子曰關幾
而不征則天下之行旅皆說而願出於其塗　釋曰上注
札爲疫病此司農以札爲死則札因病而死義得兩兼是
以引越人謂死爲札也云春秋傳者昭十九年左氏云鄭
駟偃卒其父只立子瑕子產曰寡君之二三臣札瘥夭昬
注云大死曰札小疫曰瘥短折曰夭未名曰昬又洪範云
六極一曰凶短折注云未齓曰凶未冠曰短未昬曰折並
無正文望經爲說耳引春秋者證札爲大疫也引孟子者
案孟子云尊賢使能俊傑在位則天下之士皆說而願立
於朝矣市廛而不征法而不廛則天下之商皆說而願藏
於市矣關幾而不征則天下之行旅皆說而願出於其塗
矣耕者助而不稅則天下之民皆說而願耕於其野矣廛
而無夫里之布則天下之民皆說而願爲之民矣信能行
此五者則鄰國之民仰之如父母矣率其子弟以攻其父
母自有生民已來未有能濟者也如是則無敵於天下無

敵於天下然而不王者未之有也此陳正法與周異引之者彼正法不征商旅則有説此經有故不征亦所以説民故取一邊爲證也

凡四方之賓客敂關則爲之告

釋曰敂猶至也譏外

注

謂朝諸侯來朝使卿大夫來大聘小聘但至關門皆先謁閔人閔人止客則奔告王王使小行人逆勞於畿也聘者也叩關猶謁關人也鄭司農説以國語曰周之秩官有之曰敵國賓至關尹以告行理以節逆之

釋曰案小行人云凡諸侯入王則逆勞於畿聘禮使者至謁關人此經亦怱云賓客敂關則爲之告是以鄭云謂朝聘者也云叩關猶謁關人者猶聘禮謁關人也先鄭説以國語曰周之秩官有之者案國語定王使單襄公聘於宋遂假道於陳以聘楚侯不出疆司空不視塗單子歸告於王曰陳侯不有大咎國必亡矣又云周之秩官有之曰敵國賓至關尹以告行理以節逆之韋昭注云理吏也行理小行人掌國賓客禮以待四方使逆賓客候人爲導卿出郊勞司

里授館引之者國語云關尹以告則此經司關爲之告也云行理以節逆之者證關尹告王王使小行人以節迎之也

有外内之送令則以節傳出内之 釋曰此雙言之云有外之送令者則以節傳内之謂從諸侯之國畿外而入者則關人以節及傳内之至王又云有内之送令則以節傳出之者謂有王命從王國而出則亦以節傳出之送至畿上也 **注** 有送令謂奉貢獻及文書以常事往來環人之職所送迎通賓客來至關則爲之節與傳以通之 釋曰案秋官環人職云掌送逆邦國之通賓客以路節達諸四方注云路節旌節也四方坼上與此義同故引以言之

掌節掌守邦節而辨其用以輔王命 釋曰此一經論王國之節對下文邦國是諸侯故此王國文單言邦也 **注** 邦節者珍圭牙璋穀圭琬圭琰圭也王有命則別其節之用以授使者輔王命者執以行爲信 釋曰云邦節者珍

圭之等皆約典瑞言之案典瑞云珍圭以徵守以恤凶荒牙璋以起軍旅以治兵守穀圭以和難以聘女琬圭以治德以結好琰圭以易行以除慝是其邦節也不數自外辟羨以起度之等以其彼是王國所用非使者之節故不言之云王有命則別其節之用以授使者此釋經而辨其用故典瑞注亦皆云王使之瑞節也

守邦國者用玉節守都鄙者用角節注謂諸侯於其國中公卿大夫王子弟於其采邑有命者亦自有節以輔之玉節之制如王爲之以命數爲小大角用犀角其制未聞

釋曰云謂諸侯於其國中者釋經守邦國者用玉節云公卿大夫王子弟於其采邑者釋經守都鄙者用角節畿内公卿大夫亦是畿内之國但對畿外諸侯爲尊故公卿已下言都鄙也云有命者亦自有節以輔之者亦如上文王有命有節以輔之云玉節之制如王爲之以命數爲小大者以邦國與王同稱玉節故知邦國亦有數等之節亦皆以玉爲之以其諸侯

國内亦有徵守好難起軍旅之等故知與王同知以命數爲小大者以其命圭之等依命數故知亦以九以七以五爲節也其天子王節自以大小爲數故琬圭琰圭俱同九寸穀圭牙璋俱七寸唯有珍圭無文鄭云大小當與琬琰相依云角用犀角者案釋獸云犀似豕注云角在鼻上犀角是角中之貴故知不得用玉者當用犀角云其制未聞者以其邦國之玉節可約王之玉節都鄙之角節無可依約既無舊制故云其制未聞此云都鄙用角節注謂公卿大夫王子弟於其采邑是都鄙之主案小行人都鄙用管節注謂公之子弟及卿大夫之采地之吏也故用管節與此不同彼諸侯采地亦同用管節亦異外内也若天子公卿大夫采邑之吏下注約入道路用旌節

凡邦國之使節山國用虎節土國用人節澤國用龍節皆金也以英蕩輔之注使節使卿大夫聘於天子諸侯行道所執之信也土平

地也山多虎平地多人澤多龍以金爲節鑄象焉必自以其國所多者於以相別爲信明也今漢有銅虎符杜子春云蕩當爲帑謂以函器盛此節或曰英蕩畫函 釋曰云使節使卿大夫聘於天子諸侯行道所執之信也者大聘使卿小聘使大夫或於天子或於諸侯故竝言之也云土平地也者對山澤非平地也云山多虎者若晉國之類也云平地多人者若衛國之類也云澤多龍者若鄭國之類也云以金爲節鑄象焉者釋經皆金也云必自以其國所多者於以相別爲信明也者山澤與平地人虎龍皆雜有今言山國用虎澤國用龍土國用人皆據多者相別爲信以自明也引漢有銅虎符者證周時節用銅之意也杜子春云蕩當爲帑者音以湯蕩反之今人猶言帑也帑則函故云謂以函器盛此節也云或曰英蕩畫函者其函猶是蕩但以英華有畫義故更云畫函也經云輔之者以函韇此法使不壞損也案昭二十九年公在鄆賜公衍羔裘使獻龍輔於齊侯注龍輔玉名所以輔龍節與此別也

【門】

關用符節貨賄用璽節道路用旌節皆有期

以反節 注門關司門司關也貨賄者主通貨賄之官謂司市也道路者主治五涂之官謂鄉遂大夫也凡民遠出至於邦國邦國之民若來入由門者司門爲之節由關者司關爲之節其商則司市爲之節其以徵令及家徙則鄉遂大夫爲之節唯時事而行不出關不用節也變司市言貨賄者璽節主以通貨賄貨賄非必由市或資於民家焉變鄉遂言道路者容公邑及小都大都之吏皆主治五涂亦有民也符節者如今宮中諸官詔符也璽節者今之印章也旌節今使者所擁節是也將送者執此節以送行者皆以道里日時課如今郵行有程矣以防容姦擅有所通也凡節有法式藏於掌節 釋曰鄭知門關是司門司關者以其人之出入必由門由關而授節者非門關之官不可輙授故知主守門及關者故以司門司關解之也云貨賄者主通貨賄之官謂司市也者以

其貨賄所得皆由於市乃得通之於外亦非官不可輙授
故知貨賄用璽節必是王之司市也云道路者主治五溝
五涂之官謂鄉遂大夫也謂以其授節非官不可言路即
遂人徑畛涂道路之涂也鄉之田制與遂同故知旌節是
鄉遂大夫所授也云凡民遠出至於邦國邦國之民若來
入由門者司門爲之節由關者司關爲之節者據此注凡
民出至邦國若宅在國城中先由門則司門授之節若宅
在關內者則由關司關授之節也若邦國之民來入則先
由關司關授之節若然邦國之民入其節直由關不由門
亦云由門者因王國之民出由門故揔言之於義無妨也
云其商則司市爲之節者此王之掌節而言貨賄用璽節
明是王之司市非邦國之司市其實商徒從邦國來即邦
國司市爲節故上司關注云貨節謂商本所發司市之璽
節自外來者即案其節是邦國之璽節也云其以徵令及
家從則鄉遂大夫爲之節者知徵令有節者見鄉大夫云
國有大故以旌節輔令則達之注云民雖命行其將之者

無節不得通是徵令有節之事又知家徙有節者見比長云若徙於他則爲之旌節而行之是家徙有節也又云唯時事而行不出關不用節也者時事行若比長云徙於郊徙於國當鄉徙及非徵令皆不須節兼言不出關者關内當都當邑當行不出關皆不須節也云變司市言貨賄者司市本出璽節授商今不言市而變言貨賄故鄭云璽節主以通貨賄貨賄非必由市或資於民家則由門者司門與之節由關者司關授之節故變言貨賄也云變鄉遂言道路者容公邑及小都大都之吏皆主治五涂亦有民也者鄉遂公邑爲溝洫法三等采地爲井田法井田與溝洫雖俱爲溝洫稀稠有異皆有五涂以官毛當其民出入皆授旌節故變鄉遂而言道路以容此等之官云之吏者以其都鄙之主在王朝唯吏在都鄙故以吏言之也云符節已下周法無文故皆約漢法況之案大史公本紀漢文帝二年九月初與郡國守相爲銅虎符竹使符應劭曰銅虎符第一至第五國家當發兵遣使者至郡國合符符合乃

聽受之竹使符者皆以竹箭五枚長五寸鐫刻篆書第一
至第五張晏曰符以代古之圭璋從簡易也鄭引之者欲
明漢時銅虎符
本出於此也 **凡通達於天下者必有節以傳輔**
之 注必有節言遠行無有不得節而出者也輔之以傳者
節爲信耳傳說所齎操及所適 釋曰此經摠解上經
門關諸有節幷有傳輔成信驗或有節無傳或
有傳無節或節傳俱無則不得通達於天下也 **無節者**
有幾則不達 釋曰此亦摠解上門關已下應有節傳 注
令無節者非直被幾又不通達前所也
圜土內之 釋曰知圜土內之者見
比長云無節無授圜土內之故也 **遂人掌邦之野**
注郊外曰野此野謂甸稍縣都 釋曰遂在遠郊百里之
外即遂人所掌之野在郊外曰野之中故鄭云郊外曰野
鄭又知此野謂甸稍縣都者從二百里至五百里皆名野
者此遂人不言掌遂又見下文云以達于畿明遂人掌野

通至畿疆也但遂人雖專掌二百里之中乃兼掌三百里以外其有溝洫井田之法皆知之也以土地之圖經田野造縣鄙形體之灋五家為鄰五鄰為里四里為酇五酇為鄙五鄙為縣五縣為遂皆有地域溝樹之使各掌其政令刑禁以歲時稽其人民而授之田野簡其兵器教之稼穡

釋曰遂人以土地之圖據圖以經界其田野田野謂田在百里之外野中所經界者即造縣鄙已下是也云造縣鄙者此與下五家為鄰之等為揔目五家已下有六等略言二者耳云皆有地域溝樹之者從五家已下據地境界四邊營域為溝溝上而樹之也云使各掌其政令刑禁者五家則鄰長施政令五鄰則里宰施政令已上皆施之云以歲時

稽其人民者稽計也人民猶言夫家夫家男女也以歲之
四時計其所管男女多少而損益之云授之田野者若下
文一廛田百畮云簡其兵器者若族師旗注經形體皆謂
鼓兵革云教之稼穡者亦若計耦耕事注制分界也鄰
里鄰鄙縣遂猶郊內比閭族黨州鄉也鄭司農云田野之
居其比伍之名與國中異制故五家爲鄰玄謂異其名者
示相變耳遂之軍法追胥起徒役如六鄉　釋曰云經形
體皆謂制分界也者以田野云經縣鄙云造形體之法明
是爲田野云經緯爲縣鄙云形體二者同實而異名明俱
爲分界處所也云鄰里酇鄙縣遂猶郊內比閭族黨州鄉
以家數相對是同故云猶郊內也先鄭云田野之居其比
伍之名與國中異制者田野之居釋經經田野比伍之名
謂夫一廛田百晦也言比伍則經中言五皆是也名與國
中異制亦異以其六遂之內上地有萊五十晦并下劑致
甿並異也玄謂異其名者示相變耳者此後鄭直增成先
鄭家數雖同其名異之意云遂之軍法追胥起徒役如六

鄉者案小司徒云乃會萬民之卒伍而用之五人爲伍五伍爲兩四兩爲卒五卒爲旅五旅爲師五師爲軍以起軍旅以作田役以比追胥以令貢賦注云鄉之田制與遂同但彼鄉中唯見出軍無田制此遂人唯見田制無出軍法故鄭彼注云鄉之制與遂同此遂之軍法追胥起役如彼六鄉互見其義明彼此皆有也但彼此雖相如據大較而言細論之仍有少異以其六鄉上劑致民六遂下劑致几甿六鄉上地無萊六遂上地有萊有萊是其稍異也

治野以下劑致甿以田里安甿以樂昏擾甿以土宜教甿稼穡以興耡利甿以時器勸甿以彊予任甿以土均平政釋曰云以下劑致甿者對六鄉之中其家一人爲正卒巳下皆爲羨卒此六遂之中家一人爲正卒第一者爲羨卒自外並爲餘夫家取二人爲下劑致甿也云以田里安甿者田

則爲百畮之田里則五畮之宅民得業則安故云安甿也以樂昬擾甿者男女人所樂故云樂昬飲食男女人之大欲存焉故配以婚姻即順民意也以土宜教甿稼穡者高田種黍稷下田種稻麥是教之稼穡云以興鋤利甿者鋤助也與起其民以相佐助注變民言甿異外內也甿猶懵是與民爲利故云利甿也懵無知皃也致猶會也民雖受上田中田下田及會之以下劑爲率謂可任者家二人樂昬勸其昬姻如媒氏會男女也擾順也時器鑄作耒耜錢鎛之屬彊予謂民有餘力復予之田若餘夫然故讀爲征土均掌均平其稅鄭大夫讀鋤爲藉杜子春讀鋤爲助謂起民人令相佐助　釋曰此案大司徒小司徒主六鄉皆云民不言甿此變民言甿者直是異外內而已無義例以其民者冥也甿者懵懵皆是無知之皃也云雖受上田中田下田者即此下文夫一廛以下是也云以下劑爲率謂可任者家二人者則其外爲餘夫是也云耒耜錢鎛之屬者詩云峙乃錢鎛仍有茲基之等故云之屬鄭大夫讀

掛爲藉藉借也謂借民力所治之田民相於無此事故後鄭謂相佐助從予春也辨其野之土上地中地下地以頒田里上地夫一廛田百畮萊五十畮餘夫亦如之中地夫一廛田百畮萊百畮餘夫亦如之下地夫一廛田百畮萊二百畮餘夫亦如之釋曰此據在六遂之中爲野故以野言之井上地中地下地以頒其田里此皆與巳下爲揔目也此直言上中下地亦當如小司徒云上地家七人中地家六人下地家五人也注萊謂休不耕者鄭司農云戶計一夫一婦而賦之田其一戶有數口者餘夫亦受此田也廛居也楊子雲有田一廛謂百畮之居也玄謂廛城邑之居孟子所云五畮之宅樹之以桑麻者也六遂之民奇受一廛雖上地猶有萊皆所以饒遠也

王莽時城郭中宅不樹者爲不毛出三夫之布　釋曰案
詩云田卒汙萊注高者萊下者汙是萊謂休不耕者也先
鄭引楊子雲有田一廛謂百畮之居也後鄭不從以爲廛
與孟子五畮之宅同者此經上中下地皆云夫一廛田百
畮百畮與一廛別言之則此廛與廛人皆謂廛緜於其中
則此乃是廛里任國中之地一也不得同爲百畮之田詩
所云三百廛兮者自是三百家之稅故亦以廛表稅也云
六遂之民奇受一廛者釋經餘夫亦如之則餘夫皆有田
有廛是餘夫奇别更受廛備後離居之法故奇受一廛也
云雖上地猶有萊者對六鄉不言餘夫之廛上地又無萊
故云皆所以饒遠也引王莽時事者證廛是城郭中言

凡治野夫間有遂遂上有徑十夫有溝溝上有畛百夫有洫洫上有涂千夫有澮澮上有道萬夫有川川上有路以

達于畿釋曰遂人所掌即六遂之中爲溝洫之法遂地在郊外曰野之中故云凡治野云夫間有遂已下五溝所以通水入川五涂所以通道向都及國城也注十夫二鄰之田百夫一酇之田千夫二鄙之田萬夫四縣之田遂溝洫澮皆所以通水於川也遂廣深各二尺溝倍之洫倍溝澮廣二尋深二仞徑畛涂道路皆所以通車徒於國都也徑容牛馬畛容大車涂容乘車一軌道容二軌路容三軌都之野涂與環涂同可也萬夫者方三十三里少半里九而方一同以南畮圖之則遂從溝橫洫從澮橫九澮而川周其外焉去山陵林麓川澤溝瀆城郭宫室涂巷三分之制其餘如此以至于畿則中雖有都鄙遂人盡主其地釋曰云十夫二鄰之田已下以遂之中有鄰里酇鄙縣遂故十夫以下還以鄰酇鄙縣地當之鄭知遂廣深各二尺溝倍之洫倍溝澮廣二尋深二仞者此雖溝洫法與井田異制其遂溝洫澮廣深亦與井田溝澮廣深同故鄭還約匠人井田之法而言也鄭知徑容牛馬之

等義如此者此從川上有路巷之凡道皆有三塗川上之
路則容三軌道容二軌塗容一軌軌皆廣八尺其畛宜差
小可容大車一軌軌廣六尺自然徑不容車軌而容牛馬
及人之步徑是以春秋有牽牛蹊蹊即徑也云都之野涂
與環涂同可也者案匠人云環涂以爲諸侯經涂野涂以
爲都經涂鄭注云經亦謂城中道諸侯環涂五軌其野涂
及都環涂皆三軌彼注亦與注此同皆以爲都之野涂與
環涂同依内則云道有三涂男子由右女子由左車從中
央是以鄭辭川上之路及都之野涂皆容三軌也云萬
夫者方三十三里少半里者此解經萬夫有川之意從西
北隅北畔至東頭有十洫一洫百夫十洫千夫千夫萬步
萬步有三十三里百步百步是少半里以九澮揔而言之
則萬夫矣故言萬夫者三十三里少半里矣云九而方一
同者案匠人云廣尺深尺謂之甽以至方百里爲同同間
廣二尋深二仞彼井田法溝澮稀少而云同此雖溝洫法
溝澮稠多與彼井田相準擬而言也云以南畮圖之遂從

溝橫洫從澮橫九澮而川周其外焉者案詩有今適南畝
又云南東其畝故以南畝圖之其田南北細分者是一行
隔爲一夫十夫則於首爲橫溝十溝即百夫於東畔爲南
北之洫十洫則於南畔爲橫澮九澮則於四畔爲大川此
川亦人造雖無丈尺之數蓋亦倍澮耳此川與匠人澮水
所注川者異彼百里之間一川謂大川也云去山林之等
其餘如此者鄭注載師亦以此等三分去一皆大判而言
之耳是以田之法一成九百夫亦三分去一以其餘通計
出稅故每云三百家也云以至于畿則中雖有都鄙遂人
盡主其地者遂人主六遂與司徒主六鄉同唯在二百里
以內今經云以達于畿明畿以內之中雖有都鄙作井田
之法遂人亦盡主其地明不可細主井田尚主公邑之中
爲溝洫之法與鄉遂
人以盡主之可知也

以歲時登其夫家之衆寡及其
六畜車輦辨其老幼癈疾與其施舍者以頒職

作事以令貢賦以令師田以起政役釋曰云以歲時以主其夫家巳下亦如族師所云以歲之四時成定男女之等注登成也猶定也夫家猶言男女也施讀爲弛職謂民九職也分其農牧衡虞之職使民爲其事也載師職云以物地事授地職互言矣貢九貢也賦九賦也政役出士徒役釋曰云施讀爲弛者以其文承老幼癈疾之下下又別云以起政役明此不得爲施政役破施爲弛謂弛捨其政役也云職謂民九職也者以其須職而作事是民之九職使之作事而遣出九貢也云分其農牧衡虞之職者農即三農牧即藪牧衡虞即虞衡作山澤之材不言商賈嬪婦臣妾之等者略之也云載師職云以物地事授地職互言矣者彼云物地事不云貢此云令貢賦不云物地事地事貢賦當相互皆有也云貢九貢也者即九職之九貢非諸侯之九貢也賦者即亦大宰九賦一曰邦中之賦二曰四郊之賦之等是也云政役出士徒役者即上注遂之軍旅加

六鄉者是也 **若起野役則令各帥其所治之民而至以遂之大旗致之其不用命者誅之** 釋曰此文起野役若小司徒凡起徒役毋過家一人之類也云則令各帥其所治之民而至者謂令縣正已下縣正云若將用野民師田行役移執事則帥而至治其政令是縣正受遂人之令也云以遂之大旗致之者以其遂人雖是大夫合用鳥隼之旗致衆今遂人掌衆與大司徒同故致家得用熊虎爲旗也 注役謂師田若有功作也遂之大旗熊虎 釋曰知役謂師田若功作也者以其縣正所云用野民師田行役移執事爲此事致之明此役與彼同其云功作則移執事之等是也云大旗熊虎者司常職文 **凡國祭祀共野牲令野職** 注共野牲入於牧人以待事也野職薪炭之屬 釋曰云共野牲入於牧人以待事也者謂牛羊豕在六遂者故曰野牲牧人云掌牧六

牲以待祭祀故知此野牲亦入牧人以待事也云野職薪炭之屬者此官令之委人斂之故下委人云掌斂野之賦又云斂薪芻凡疏材木材凡畜聚之物言之屬者兼此諸物也凡賓客令脩野道而委積注委積於廬宿市釋曰案大司徒云令野脩道委積彼謂捴令遺人此於百里外野道又令之故注云委積於廬宿市是亦令遺人也大喪帥六遂之役而致之掌其政令及葬帥而屬六綍及窆陳役注致役致於司徒給墓上事及竁也綍舉棺索也葬舉棺者謂載與說時也用綍旁六執之者天子其千人與陳役者主陳列之耳匠師帥監之鄉師以斧涖焉大喪之正棺殯啓朝及引六鄉役之載及窆六遂役之亦鄭遠相終始也鄭司農云窆謂下棺時遂人主陳役也禮記謂之封春秋謂之塴皆葬下棺也聲相似釋曰鄭知致役致於司徒給墓上事及竁也者以其殯及引

皆六鄉役之其墓上事及窆等六遂役之故知致役給墓
上墓上則說載下棺之等窆謂穿壙之等不言在廟載事
亦六遂役之不言者略也必致於司徒者司徒雖主六鄉
以其地官之卿掌徒庶之役亦兼掌六遂之役故也云綍
舉棺索者以其據在棺則曰綍據在道則曰引六遂之役
不在道故據在棺而言綍也云葬舉棺者謂載與說時也
者以其經云屬六綍不據在道故知在廟載時及在壙說
時也云用綍旁六執之者天子其千人與者案雜記諸侯
執綍五百人大夫三百人以此約之天子千人無正文故
云與以疑之云陳役者主陳列之耳者以其經云及窆窆
謂下棺下棺之時千人執綍背碑負引須陳列其人故知
謂陳列之也云匠師帥監之鄉師以斧涖焉者案其鄉師
職知之云大喪之正棺殯啓朝及引六鄉役之載及窆六
遂役之知義然者案大司徒職云大喪帥六鄉之衆庶屬
其六引此遂人云帥六遂之役屬六綍及窆陳役鄭據此
二文言之以六鄉近使主殯及啓朝爲始在祖廟之中將

行載棺於蜃車屬六紼則六遂爲終也至於在道言引則還使六鄉爲始至壙窆之下棺則還使六遂爲終以二處各自共爲終始故云即遠相終始也是以大司徒注云六鄉主六引六遂主六紼也云禮記謂之封者據檀弓云縣人縣棺而封及喪大記下棺亦云封是也春秋謂之堋者左氏葬鄭簡公有司墓之室當道毀之則朝而堋是也窆堋封三者字雖不同皆是下棺也云聲相似者窆封堋皆以去聲言之故云聲相似也凡事致野役而師田作野民帥而至掌其政治禁令釋曰此經職文摠結之言也

遂師各掌其遂之政令戒禁以時登其夫家之衆寡六畜車輦辨其施舍與其可任者經牧其

田野辨其可食者周知其數而任之以徵財征作役事則聽其治訟釋曰以遂師下大夫四人所掌六遂亦如鄉師主六鄉亦二人共主三遂故云各掌其遂之政令戒禁并以時登其夫家衆寡六畜巳下皆如鄉師之職但鄉師云輦又云老幼貴賤廢疾此不言之此云經牧其田野之等彼不言之皆是互換為義故設文不同也云周知其數而任之以徵財征者謂周徧知其夫家六畜及田野之等任之據人民之數徵財征據田野之數也云作役事則聽其治訟者役事中可兼軍役田獵功作之等皆聽其治訟也注施讀亦弛也經牧制田界與井也可食謂今年所當耕者也財征賦稅之事釋曰云施讀亦弛也者此注與鄉師同以其與其可任者對而言明施不得為施功之事故讀為弛與舍同為捨放之事云經牧制田界與井也者但六遂制灋溢法上文所云者是今以為制界與井也又為井田法者以

其遂人兼掌采地故上云掌野鄙兼言稍縣都以采地有井田法故此經云經牧其田野與小司徒文同故鄭亦兼言井也云可食謂今年所當耕者也者六遂以外上地亦有萊中下之地自然皆有萊不耕者故云今年所當耕者也云時征賦稅之事者征是賦稅時是地稅故云時征賦稅之事也雖以地稅爲正其中亦兼有口率出泉也**巡其稼穡而移用其民以救其時事**釋曰遂師各自巡其春種曰稼秋斂曰穡注移用其民使轉相助救時急事也四時耕耨斂芟芟地之宜晚早不同而有天期地澤風雨之急釋曰云地之宜晚早不同者其地有宜早種早收有宜晚種晚收故云晚早不同云而有天期地澤風雨之急者山出雲雨大風有隧皆由天期而有故以天期而言此並須移用其民救其時事故并言之也**凡國祭祀審其誓戒共其野牲**注審亦聽也釋曰案冢宰職云大祭祀掌百官之誓戒

大司寇涖誓百官并戒百族此官主審其戒戒遂之民故不同也 入野職野賦于王府 注民所入貢賄以當九職九賦中王府之用者 釋曰云野職謂民九職之貢野賦謂民九賦自邦甸家稍縣都之等口率出泉以其在遠郊之外故皆以野言之也云中王府之用者亦是遂師自當徵其穀稅泉以入大府分之衆府也若然案大府職云式貢之餘財以共玩好之用入於王府彼入王府者是式貢之餘財財之美者由大府乃入王府此徑入王府者非財之美不堪王之玩好者也 賓客則巡其道脩庀其委積 注巡其道脩行治道路也故書庀爲比鄭司農云比讀爲庀庀具也 釋曰巡其道脩者大司徒云野脩道委積據國外曰野在六鄉之中者此據六遂之中者 大喪使帥其屬以幄帟先道野役及窆抱磨共丘籠及蜃車之役 釋曰大喪謂王喪也

云使帥其屬以幄帟先者謂大宰官使其屬以幄帟先行至壙云道野役者謂司徒導引野中之役出國城至壙云及窆抱磨者及至也謂柩車至壙窆下棺也下棺之時遂師帥其執綍者之人名歷適而校數之也云共丘籠者王曰丘謂共爲丘之籠器以盛土也云及蜃車之役注使以幄帟者謂在祖廟中將行共蜃車以載柩之役人也

先者大宰也其餘司徒也幄帟先所以爲葬窆之間先張神坐也道野役帥以至墓也丘籠之役窆復土也其器曰籠蜃車柩路也柩路載柳四輪迫地而行有似於蜃因取名焉行至壙乃說更復載以龍輴蜃禮記或作槫或作輇役謂執綍者鄭司農云抱磨下車也玄謂磨者適歷執綍者名也遂人主陳之而遂師以名行校之 釋曰知使以幄帟先是大宰者以其天官幕人掌共帷幕幄帟綬屬大宰故知使幕人以幄帟先是大宰也云其餘司徒也者以其司徒主衆庶故知野役之徒皆司徒令之也云幄帟先所以爲葬窆之間先張神坐也者謂柩至壙脫載除飾

柩則在地未葬窆之間須有凶靈神坐之以故知大幕之下宜有幄之小帳小帳之內而有帟之承塵以爲神坐也云道野役帥以至墓也者以其云導導是帥引之言故知從廟帥引往至墓所也云丘籠之役竁復土也者竁謂穿地復土謂下棺之後以壙上土反復而爲丘壟皆須籠器以盛土也云蜃車柩路也者人君所居皆曰路故云柩路也云柩路載柳四輪迫地而行者謂在祖廟中遂匠納車於階間御而上載之乃加帷荒帷荒即柳也四輪迫地而行即輇車以二軸而貫四輪四輪即許氏說文云無輻曰輇者也云似於蜃因取名焉者此解名爲蜃車之意云行至壙乃說更復載以龍輴者以其天子諸侯殯時用輴車即檀弓所云菆塗龍輴天子之禮是也諸侯不龍其輴而已殯既用輴明葬時用輴可知云蜃禮記或作槫或作輇者案雜記云載以輲車鄭注云輲讀爲輇或作槫彼經作輇一部禮記作輇或作槫彼經不爲輇者但輲輇字雖異其義同故此云或作輇也但爲槫者非車之體不從之取其輲字

或有作團字團又轉誤爲國字者故旣夕記云遂匠納車於階間注云車載柩車周禮謂之蜃車雜記謂之團車喪大記又謂之國車也先鄭云抱磨下車也者於義無所當故後鄭不從也後鄭云適歷執綍者名也者謂天子千人分布於六綍之上謂之適歷者分布稀疏得所名爲適歷也云遂人主陳之者案上遂人云及窆陳役是也云而遂師以名行校之者但執綍之人皆碑負引而退行遂師抱持版之名字巡行而校録之以知在否故云抱磨也

軍旅田獵平野民掌其禁令比敘其事而賞罰

釋曰軍旅謂征伐田獵謂四時田云平野民者謂遂師平正六遂之民故云平野民也云此敘其事而賞罰者遂師校比次敘其行伍而行賞罰也注平謂正其行列部伍也鄭司農云比讀爲庀 釋曰周禮之內云比者後鄭皆爲校比先鄭皆爲庀庀爲具得通一義故引之在下也

遂大夫各掌其遂之政令以歲時稽其夫家之
衆寡六畜田野辨其可任者與其可施舍者以
教稼穡以稽功事掌其政令戒禁聽其治訟釋曰
此一經與遂師職意注施讀亦爲弛功事九職之事民所
同但互見其義耳　以爲功業　釋曰云功事九職之
事民所以爲功業者大宰以九職任萬民
彼云任即此功事謂任之使有功者也令爲邑者歲
終則會政致事注不言其遂之吏而言爲邑者容公邑
及卿大夫王子弟之采邑政令戒禁遂
大夫亦施焉　釋曰言之者若直言遂之吏則不容公邑
與采邑今遂大夫不言遂之吏變云爲邑則遂中可以兼
公邑采邑二者故云政令戒禁遂大夫亦施焉以其
遂人云掌野又云以達于畿故知亦施政令戒禁一正歲

簡稼器脩稼政注簡猶閱也稼器耒耜鎡其之屬稼政孟春之月令所云皆脩封疆審端徑術善相丘陵阪險原隰土地所宜五穀所殖以教道民徑術親之

釋曰云稼器耒耜鎡其之屬者其器中含有錢鎛之等故云之屬也云稼政孟春之月令所云皆脩封疆者此是月令鄭注彼封疆謂田首之分界也云審端徑術者鄭彼注術當爲遂即引遂人職云夫間有遂遂上有徑當審之使脩理也云善相丘陵阪險原隰者土之高者曰丘大阜曰陵坡者曰阪險下濕者曰隰高平曰原也云土地所宜者即丘陵已下若高田種黍稷下田種稻麥丘陵阪險種桑棗是也云以教道民必躬親之者彼約束典田大夫必身親撿校之以證稼政之事

三歲大比則帥其吏而興甿明其有功者屬其地治者

釋曰云三歲大比已下若鄉大夫三歲大比興賢者能者其義同變之耳云帥其吏者則遂大夫已下縣正至鄰長

注興甿舉民賢者能者如六鄉之爲也興猶舉也屬猶聚也又因舉吏治有功者而聚勑其餘以職事 釋曰云興甿舉民賢者能者如六鄉之爲也者此文不具故鄭就鄉大夫解之彼以鄉飲酒興賢能者厥明獻賢能之書於王王拜而受之登於天府內史貳之此職亦然也云興猶舉也屬猶聚也者謂當興舉之時因舉治民之吏鄰長以上吏之有功者而升之又聚其地治鄰長以上勑之以職事使之不慢也 凡爲邑者以四達戒其功事而誅賞廢興之 釋曰此言爲邑者義如上不言遂之吏而言爲邑者容公邑及采邑也云以四達戒其功事者達通也謂將四通之事以戒勑其功事功事即上注九職之功業也云而誅賞廢興之者此亦如天官注大有功不徒興又賞之大無功不徒廢又誅之故誅賞廢興連言之也注四達者治民之事大通者有四夫家衆寡也六畜車輦也稼穡耕耨也旗鼓兵革也 釋曰鄭知四達是夫家

已下者比無正文唯約上下文而知義爾案遂師云夫家衆寡六畜車輦此遂大夫亦云夫家衆寡以教稼穡鄭是云以旗鼓兵革帥而至又云趨其耕耨鄭據而言故以四事當此四趍

縣正各掌其縣之政令徵比以須田里以分職事掌其治訟趨其稼事而賞罰之注徵徵召也比案比　釋曰以一遂有五縣故云各掌其縣之政令徵比者謂政教號令徵發校比之等也云以須田里者亦如上文夫一廛田百晦也云以分職事者即九職之功事也

若將用野民師田行役移執事則帥而至治其政令注移執事移用其民鄭司農云謂轉徙佐助　釋曰云若將用野民者言將事未至之時預徵召野民也言師田調出師征伐及田獵也言行役謂若巡狩及功役言移執事

謂移徙用民以執事也既役則稽功會事而誅賞釋曰此經結上文功役之事事訖乃稽考其功多少當計會其事之可否而有功者賞無功者誅也

鄙師各掌其鄙之政令祭祀釋曰五鄙爲縣五百家爲鄙故云各掌其鄙之政令注祭祀祭禜也　釋曰知鄙祭禜者鄙與六鄉也　黨同黨祭禜故知此鄙所祭祀謂祭禜也凡作民則掌其戒令注作民謂起役也　釋曰知作民是起役者案下酇長云若作其民而用之則以旗鼓兵輂帥而至又上文每云野役故知此作民亦是起役事也以時數其衆庶而察其媺惡而誅賞注時四時也　釋曰知時四時者見鄉師職云凡四時之徵令則凡言歲時者皆是四時唯鄉師云賙萬人之囏阸而云歲時巡國及野者鄭注云隨其事之時不必四時囏阸非常故

也

歲終則會其鄙之政而致事

周禮疏卷第十六

周禮疏卷第十七

唐朝散大夫行大學博士弘文館學士臣賈公彥等撰

鄰長各掌其鄰之政令以時校登其夫家比其衆寡以治其喪紀祭祀之事注校猶數也　釋曰以其一鄙五鄰故云各掌其鄰之政令也云以治其喪紀者謂民之喪紀若鄉師所云族共喪器之類治其祭祀者謂若族祭酺之類若然縣當祭社與州同縣正鄉師鄰長皆不言所祭神者六遂與六鄉互見其義也若作其民而用之則以旗鼓兵革帥而至若歲時簡器與有司數之　釋曰言作其民而用之者謂師田及巡守之等直言以旗鼓兵革不言車輦文不具注簡器簡稼器也

兵器亦存焉有司遂大夫 釋曰云簡器簡稼器也者見遂大夫職云正歲簡稼器脩稼政則此官與遂大夫共簡之故注云有司遂大夫也知兵器亦存焉者以遂大夫云簡稼器此不言稼直云器故知器中兼有兵器旗鼓兵革亦存在其中也

凡歲時之戒令皆聽之趨其耕耨稽其女功 釋曰此鄰長彌親民故趨其耕耨并稽考女功之等 **注** 聽之受而行之也女功絲枲之事 釋曰鄭知聽之爲受而行之非聽斷之者以鄰長中士官惟承受遂人已下之事不得專聽斷故知聽謂受聽而行之也知女功絲枲者按禮記內則論女功云執麻枲治絲繭故知女功亦治絲枲以爲布帛

里宰掌比其邑之衆寡與其六畜兵器治其政令 釋曰里宰二十五家不言各者文承遂師以下皆言各掌此亦各掌可知 **注** 邑猶里也 釋曰邑是人之所

居之處里又訓為居故云邑猶里也　以歲時合耦于耡以治稼穡趨其耕耨行其秩敘以待有司之政令而徵斂其財賦　釋曰云歲時者亦謂歲之四時云合耦于耡者耡助也謂合兩兩相佐助於里宰處云以治稼穡者謂治理其民使為春稼秋穡之事云趨其耕耨者謂使民趨時以春耕夏耨云行其秩敘者謂使民行其合耦使有次第云以待有司之政令而徵斂其財賦者以六遂之賦稅縣師徵之旅師斂之則此財賦言待有司徵斂者謂縣師旅師也　注考工記曰耜廣五寸二耜為耦此言兩人相助耦而耕也鄭司農云耡讀為藉杜子春云耡讀為助謂相佐助也玄謂耡者里宰治處也若今街彈之室於此合耦使相佐助因放而為名季冬之月令命農師計耦耕事脩耒耜具田器是其歲時與合人耦則牛耦亦可知也秩敘受耦相佐助之次第　釋曰鄭引考工記者欲證合耦為

二人共發一尺之地乃成畎以通水之意也先鄭云耡讀爲藉者藉借也非相佐助之義故後鄭不從之也杜子春讀耡爲助謂相佐助也於義合但文今不足故後鄭增其義也玄謂耡者里宰治處也若今街彈之室者鄭以漢法況之漢時在街置室檢彈一里之民於此合耦使相助佐因放而名耡也引月令者證歲時合耦之事秦周政令或異故云是其歲時與言與以疑之也云合人耦則牛耦亦可知也者周時未有牛耦耕至漢時搜粟都尉趙過始教民牛耕今鄭云合牛耦可知者或周末兼有牛耦至漢趙過乃絕人耦專用牛耦故鄭兼云焉云秩敘受耦相佐助之次第者或家有一夫二夫共耦若長沮桀溺耦而耕或先後次第相佐助爲之也

鄰長掌相糾相受注相糾相舉察　釋曰鄰長不命之士爲之各領五家使五家有過各相糾察宅舍有故又相容受也

凡邑中之政相贊注長短使相補助　釋曰云邑中者亦謂一里之內有上政

令徵求則五鄉共相贊助此則以長補短故鄭云長短使相補助也從于他邑則從而

授之注從猶隨也授猶付也釋曰古者三年大比民或於是從謂不便其居則從於他遷向他遂非直從授之明無罪過亦當以旌節將行如六鄉比長云從於他則以旌節而行之出鄉無節則唯圜土內之是也

旅師掌聚野之耡粟屋粟閒粟釋曰此旅師然六遂之稅六遂在野故云掌聚野之耡粟之等注野謂遠郊之外也耡粟民相助作一井之中所出九夫之稅粟也屋粟民有田不耕所罰三夫之稅粟閒粟閒民無職事者所出一夫之征粟釋曰云野謂遠郊之外也者按鄉大夫野自六尺彼野謂城外此野據遠郊之外六遂之中也云耡粟民有相助作一井之中所出九夫之稅粟也者六鄉六遂與公邑三處皆爲溝洫法三等采地乃爲井田今此六遂之中鄭云一井之中出九夫之稅粟以爲井田與匈違者

但鄉遂之中雖爲溝洫法及其出税亦爲井田税之是以
小司徒職云考夫屋注云夫三爲屋屋三爲井出地貢者
三三相任是出地税亦取井有九夫三三相保而税之故
以井言之云屋粟民有田不耕所罰三夫之税粟閒民
民無職事者所出一夫之征粟者此並載師職文但彼云
出夫家之征彼注云夫税者百畮之税家税者出士徒車
輦此經云粟無取於家征之義故略不言也　而用之以質劑致民平頒其
興積施其惠散其利而均其政令　釋曰若用謂用上者之粟也
注　而讀實若聲之誤也若用之謂恤民之艱阨委積於野如遺人於鄉里也以質劑致民案入税者名會而貸之
興積所興之積謂三者之粟也平頒之不得偏頗有多少
縣官徵聚物曰興今之軍興是也是粟縣師徵之旅師斂
之而用之以賙衣食曰惠以作事業曰利均其政令者皆
以國服爲之息　釋曰鄭必讀而爲若者所聚之粟民有

艱阨乃用之無則貯待凶年則若爲不足之辭其而字無
義例故鄭轉爲若也云若用之謂恤民之艱阨者按遺人
云鄉里之委積以恤民之囏阨此六遂即鄉里也故鄭云
委積於野如遺人之於鄉里也云以質劑致民按入稅者
名會而貸之者所聚之粟還擬凶年振恤所輸入之人欲
與之粟還按入稅者之人名會計多少以貸之簿書若市
券有長短故云質劑也云縣官徵聚物曰興者六遂已外
縣師徵之故云縣官徵聚物曰興云今云軍興是也者鄭
舉漢法況之興皆是聚積之義也云是粟縣師徵之者按
上縣師職云歲時徵野之賦貢故知也云旅師斂之者即
上文聚三等粟是也云而用之則若用之是也云以賙衣
食曰惠知者以衣食先當時用不生其利故云惠所爲事
業後即有利故云利此對文惠利兩有故爲此釋若通而
言之惠利爲一故論語孔子云因民所利而利之不亦惠
而不費是惠利通也云均其政令者皆以國服爲之息者
亦如泉府凡民之貸者以國服爲之息鄭彼注云以其於

國服事之稅而出息也於國事受園廛之田而貸萬泉者
則朞出息五百若然近郊之田貸萬泉朞出息一千巳外
遠郊甸稍縣都

凡用粟春頒而秋斂之

注困時施之
饒時收之

皆依國可知

釋曰上經所云是貸而生利此經所云是直給不生
利也官得舊易新民得濟其困乏官民俱益之也

凡新甿之治皆聽之使無征役以地之㜸惡爲之等

注新甿新徙來者也治謂有所求乞也使無征役復之也王
制曰自諸侯来從於家期不從政以地美惡爲之等七人
以上授以上地六口授以中地五口以下授以下地與舊民
同旅師掌斂地稅而又施惠散利是以屬用新民焉

釋曰云新甿新徙來者也者即上徙於他者是也云治謂
有所求乞也者此無正文鄭以意解之以其無征役可治
又新來未有業次故知治是求乞也引王制自諸侯來徙
於家期不從政者彼仍有自家徙於諸侯二月不從政不

不引之者略引之以證有復除之法云以地美惡爲之等七人以上授之以上地已下者此皆據小司徒職文此三等據中地而言故注云有夫有婦乃成家自二人以至十人爲九等七六五者爲其中但彼六鄉上地無萊此據六遂上地有萊五十晦已外中地下地外內同皆三百晦耳

稍人掌令丘乘之政令 釋曰云掌令丘乘之政令者四井爲邑四邑爲甸甸出長轂一乘故云丘乘不言令井邑者舉中而言也言令者謂三等采地之中爲溝塗之法耳 注 丘乘四丘爲甸甸讀與惟禹敶之之敶同其訓曰乘由是改云是掌令都鄙脩治井邑丘甸縣都之溝涂云丘甸者舉中言之溝涂之人名井別邑異則民之家數存焉 釋曰丘乘四丘爲甸據小司徒而言之也云甸讀與惟禹敶之之敶同者按毛詩云惟禹甸之不爲敶者鄭先通韓詩此據韓詩而言敶敶是軍陳故訓爲乘言由是改云者由甸出車一乘可以爲

軍故改云乘不爲甸也云是掌令都鄙脩治井邑丘甸縣都之溝涂云丘甸者舉中言之者此據小司徒職云四井爲邑四邑爲丘四丘爲甸四甸爲縣四縣爲都而言也知直令爲溝涂者以下文云若有會同則以縣師之法作其同徒彼是令軍法明此惟令治溝涂而已云溝涂之人名井別邑異則民之家數存焉者謂甸方八里其中六十四井使出田稅外加一里三十六井使治溝洫不出稅云民之家數存者假令上地一井地有九夫中央一夫助入公傍八夫各治一夫以自入則一井地有九夫家則有八四井爲邑三十二家據一成而言則三十六井使治溝涂各有人名故云溝涂之人名井別邑異民之家數存在於一成之中矣

若有會同師田行役之事則以縣師之灋作其同徒輂輦帥而以至治其政令以聽於司馬

釋曰云若者此等或有或無故云若爲不

定之辭也云會同者謂時見曰會殷見曰同云師田者謂出師征伐及田獵云行役者謂巡守及興役云則以縣師之法作其同徒者稍人屬縣師縣師屬大司馬大司馬得王進止縣師即受法於司馬縣師既得法稍人又受法於縣師故云以縣師之法作其同徒也既作同徒乃致與大司馬故云以聽於司馬也注有軍旅會同田役之戒縣師受法於司馬邦國都鄙稍甸郊里唯司馬所調以其法作其衆庶及馬牛車輦會其車人之卒伍使皆備旗鼓兵器以帥而至是以書令之耳其所調若在家邑小都大都則稍人用縣師所受司馬之法作之帥之以致於司馬也同徒司馬所調之同凡用役者不必一時皆徧以人數調之使勞逸遞焉 釋曰有軍旅會同田役之戒縣師受法於司馬邦國都鄙稍甸郊里唯司馬所調者縣師注云郊里郊所居也謂六鄉之民布在國中外至遠郊故有居在郊者也云以其法作其衆庶及馬牛車輦會其車人之卒伍使皆備旗鼓兵器以帥而至者並縣師職文其間云縣

師及邦國都鄙稍甸郊里惟司馬所調以其法並鄭所加
加之者欲見縣師受法於司馬稍人又受法於縣師之意
也云是以書令之耳者此鄭君之言是以此稍人書而令
作其同徒之事云其所調若在家邑小都大都則稍人用
縣師所受司馬之法作之帥之以致於司馬也者此鄭取
縣師之文合於此經共釋此稍人受法於縣師所受司馬
之法云同徒司馬所調之同者此即縣師受法於司馬者
也云凡用役者不必一時已下此釋其同徒同其勞逸遞
等也　大喪帥蜃車與其役以至掌其政令以聽於
司徒　釋曰此經釋天子之喪將葬使稍人帥蜃車及役人
使至之事云以聽於司徒者以其司徒地官卿掌徒
庶之政令故稍人帥　注蜃車及役遂人共之稍人者野臨
衆以聽於司徒也　是以帥而致之既夕禮曰既正柩
賓出遂匠納車于階間則天子以至于士柩路皆從遂來
釋曰鄭知蜃車及役遂人共之者按遂人職云大喪帥六

遂之役而致之又云及葬帥而屬六綍又遂師職亦共丘籠及蜃車之役故知遂人共之也云稍人者野監是以帥而致之者此欲釋得在稍人之意以其監三等采地是野監故得并監六遂蜃車之事也云天子以至于士柩路皆從遂來者此經上舉天子既夕下舉士則其中有諸侯卿大夫之喪蜃車柩路皆從遂人而來可知

委人掌斂野之賦斂薪芻凡疏材木材凡畜聚之物注野謂遠郊以外也所斂野之賦謂野之園圃山澤之賦也凡疏材草木有實者也凡畜聚之物瓜瓠葵芋禦冬之具也野之農賦旅師斂之工商嬪婦遂師以入玉府其牧則遂師又以共野牲　釋曰委人所斂皆據六遂以外至王畿故鄭云野謂遠郊以外揔言之也云所斂野之賦謂野之園圃山澤之賦也者此則九職所出貢賦通言之九職之中有園圃毓草木又有虞衡作山澤之材故以園圃山澤言之也云凡疏材草木有實者也者疏

是草之實材是木之實故鄭並言之九職中有臣妾聚斂
疏材鄭彼注云疏材百草根實不以木解材文略也彼臣
妾聚斂雖無貢法要知此疏材亦是草木有根實者鄭不
言根亦略言之也云凡畜聚之物瓜瓠葵芋禦冬之具也
者七月詩有八月斷壺壺瓠也有甘可食者信南山詩疆
場有瓜士喪禮又有葵菹芋故知畜聚物中有瓜瓠葵芋
之等但士喪禮籩豆差之葵菹芋芋爲長菹不得爲芋子
其南方有芋子堪食與士喪禮芋別也云野之農賦旅師
斂之者即上旅師所云聚野之鋤粟之等是也云工商嬪
婦遂師以入王府者案遂師云入野職野賦于王府雖不
言工商嬪婦但遂師既入野之賦貢明嬪婦工商之賦也
知者以其王府掌玩好之物其工商嬪婦所作堪爲玩好
故入王府者工商嬪婦也云其牧則遂師又以共野牲者
上遂師云凡國祭祀共其野牲是知九職之中藪牧養鳥
獸者遂師共之也

以稍聚待賓客以甸聚待羈旅釋曰委人掌斂野賦

故以三百里稍地之聚二百里注聚凡畜聚之物也故書甸之聚以待羇旅過客之等 羇作奇杜子春云當爲羇 釋曰鄭知聚是凡畜聚者見上文凡畜聚之物故知此聚亦是畜聚之物凡其余聚以待頒賜注余當爲餘聲之誤也餘謂縣都畜聚之物 釋曰知餘聚是縣都者以其委人掌斂野物從二百里至王畿上已云甸稍明此言餘聚是縣四百里都五百里中畜聚之物如上稍甸畜聚之物也以式灋

共祭祀之薪蒸木材賓客共其芻薪喪紀共其薪蒸木材軍旅共其委積薪芻凡疏材共野委兵器與其野囿財用 釋曰此一經以委人掌斂野賦故所有委積皆供之注式法故事之多少也薪蒸給炊及燎麤者曰薪細者曰蒸木材給張事委積薪芻若委積之薪芻也軍旅又有疏材以助

禾粟野委謂廬宿止之薪芻也其兵器謂守衛㯶兵之器
也野囿之財用者苑囿藩羅之材　釋曰云式法故事之
多少也者摠此一經皆當依舊法式用之故以式法目之
也云薪蒸給炊及燎者以其祭祀所用薪蒸無過炊米與
燔燎也知麤者曰薪細者曰蒸者左氏傳云其父析薪薪
既云析明其大者曰薪其蒸不言析明其細也云木材給
張事者以其祭祀而云木材等更無用木材之處案掌次
云張大次小次及㠯帟並須木材明據此所用故云給張事
云委積薪芻者委積之薪芻也者案大行人掌客皆有委
積委積之中有牲牢米禾薪芻之等委人所供唯供薪芻
鄭以委積之中有米牲牢亦供之故云委積薪芻是委積
之中供薪芻以別之也云軍旅又有疏材以助禾粟者以
其疏材是百草根實可得助禾粟以供馬牛故云助禾粟
也云野委謂廬宿止之薪芻也者案遺人云十里有廬廬
有飲食三十里有宿宿有委五十里有市市有積委積之
中有芻薪在野外故云野委也其六鄉之廬宿委積薪芻

自六鄉供之云其兵器謂守衛陳兵之器也者兵文承野委之下明與野委同爲賓客所用故知是守衛賓客陳兵之器也云野囿之財用者苑囿藩羅之材者委人所爲皆據二百里上經稍聚待賓客據二百里此囿故知在野故鄭以野囿言之古者田獵皆在囿故書傳云獮之取於囿是勇力取今之取於澤是揖讓取若然田在澤澤中有囿田在山山中有苑其苑囿藩羅以遮禽獸故云野囿財用也

凡軍旅之賓客館焉 注館舍也必舍此者就牛馬之用 釋曰言軍旅賓客者謂諸侯以軍旅助王征討者故謂之軍旅之賓客也

土均掌平土地之政以均地守以均地事以均地貢 注政讀爲征所平之稅邦國都鄙也地守虞衡之屬地事農圃之職地貢諸侯之九貢 釋曰鄭破政爲征者不取於政教之政故破從征稅之征也云所平之稅邦國都鄙也者案下文云以和邦國都鄙者故知此平者亦據

邦國都鄙若六鄉六遂及公邑征稅自均入平之云地守
虞衡之屬者案下文山虞澤虞川衡林衡之屬皆云守故
知地守是虞衡之屬也云地事農圃之職者九職任萬民
使民事之故知地事是九職三農園圃之職也云地貢諸
侯之九貢者此土均邦國都鄙而云均地貢明據大宰九
貢而言但諸侯九貢是歲之常貢則小行人春令入貢者
是也其諸侯九貢皆民之地稅不貢王
市取美物若禹貢厥篚厥貢之類是也

以和邦國都鄙之政令刑禁與其施舍禮俗喪紀祭祀皆以地媺惡為輕重之灋而行之掌其禁令

釋曰土均主調即是和義故土均以和識外邦國識內都鄙之政令及五刑五禁與其弛舍不役之等並須調和之使之得所也云禮俗喪紀祭祀皆以地媺惡為輕重之法而行之者自禮俗喪紀祭祀三事皆以地之美惡輕重者地美則重行

地慝則輕行之以其禮許儉不非無故也云**注**施讀亦爲
掌其禁令者恐有僭踰與下過故禁令也弛也禮俗隨
其土地厚薄爲之制豐省之節耳禮器曰禮也者合於天
邦國都鄙民之所行先王舊禮也君子行禮不求變俗隨
時設於地財順於鬼神合於人心理萬物 釋曰云施讀
亦爲弛也者上遂人注已云施讀爲弛故此云亦云禮俗
邦國都鄙民之所行先王舊禮也者此土均和邦國都鄙
俗者續也續代不易是知先王舊禮故引曲禮君子行禮
不求變俗以證之謂若周公封康叔於殷墟其民還行殷
之禮俗者也云隨其土地厚薄爲之制豐省之節耳者以
以厚薄解經媺惡豐省解經爲輕重之法也云禮器曰禮
也者合於天時者天有四時四時生者則將爲禮是合於天
時也云設於地財者土地有財爲禮是所設依於地之財
也云順於鬼神者鬼神享德不享味若不合天時不設地
財而爲禮則鬼神不享若能合天時設地財則鬼神享之
是順於鬼神也云合於人心者若不合天時不設地財則

不合人心若合天時設地財則合人心也云理萬物者若
順鬼神合人心則萬物得其道理故可以理萬物也引之
證行禮依地
美惡之義

草人掌土化之灋以物地相其宜而爲之種釋曰掌土化之
法者即下經所云糞種是化土使和美注土化之法化之使美若氾勝之術也以物地占其形色爲之種黃白
宜以種禾之屬釋曰云化之使美者謂若騂剛用牛糞種化騂剛之地使美也云若氾勝之術也者漢時農書有
數家氾勝爲上故月令注亦引氾勝故云氾勝之術也凡
去黃白宜以種禾之屬者鄭依孝經緯援神契而言也

糞種騂剛用牛赤緹用羊墳壤用麋渴澤用
鹿鹹潟用貆勃壤用狐埴壚用豕彊㯺用蕡

輕爂用犬釋曰案禹貢冀州云白壤青州云白墳兖州云黑墳徐州云赤埴墳揚州荆州云塗泥豫州云墳壚梁州云青黎雍州云黄壤九等與此騂剛之屬爲九等不同者以禹貢自是九州大判各爲一等此九等者無妨一州即有此九等之類故不同也注凡所以糞種者皆謂煑取汁也赤緹縓色也渴澤故水處也渴鹵也貆貒也勃壤粉解者埴壚黏疏者彊㯺強堅者輕爂輕脃者故書騂爲挈墳作盆杜子春挈讀爲騂謂地色赤而土剛強也鄭司農云用牛以牛骨汁漬其種也謂之糞種墳壤多盆鼠也壤白色蕡麻也玄謂墳壤潤解釋曰云凡所以糞種者皆謂煑取汁也者雖無正文以意量之用牛羊之類不可以肉骨明煑取汁和種也云赤緹縓色也者爾雅云一染謂之縓故以縓赤當之也云渴澤故水處也者以水鍾曰澤今澤云渴明是故時停水今乃渴故云故水處也云渴鹵也者近水之處水以寫去其地爲鹹鹵故云渴鹵也云貆貒也者案爾雅云貒子貒或曰貆故

以埴爐爲一也云教壤粉解者壤是和緩故爲粉解也云埴爐黏疏者以埴爲黏以爐爲疏故云黏疏也云彊㯺彊堅者以㯺爲監故爲彊堅云輕㶣輕脃者㶣䏍聲相近故知㶣即脃也先鄭云用牛以牛骨汁漬其種也者此與後鄭義合也云墳壤多蚡鼠也壤白色後鄭皆不從者餘八等之地皆據地之形色唯此墳壤以蚡鼠外物爲名於義不可故還從墳爲正謂潤解也又禹貢有黃壤則此壤不得專據色白解之故不從壤白色也

稻人掌稼下地注以水澤之地種穀也謂之稼者有似嫁女相生　釋曰以下田種稻麥故云稼下地

以豬畜水以防止水以溝蕩水以遂均水以列舍水以澮寫水以涉揚其芟作田　釋曰所爲防豬之法皆具鄭注

注鄭司農說豬防以春秋傳曰町原防規偃豬以列舍水列者非一道以去水也以涉揚其芟以其水寫故

得行其田中舉其芟鉤也杜子春讀蕩爲和蕩謂以溝行水也玄謂偃豬者畜流水之陂也防豬旁隄也遂田首受水小溝也列田之畦畛也澮田尾去水大溝作猶治也開遂舍水於列中因涉之揚去前年所芟之草而治田種稻釋曰春秋傳者事在襄二十五年楚蒍掩書土田法以授子木之事彼云町原防規偃豬是楚之惡地有防豬之法與此防偃同故引爲證也先鄭云以列舍水列者非一道去水也者以舍爲舍去之舍後鄭以爲止舍之舍以澮是寫去水以舍爲止水於其中故不從先鄭也

凡稼澤夏以水殄草而芟夷之注殄病也絕也鄭司農說芟夷以春秋傳曰芟夷薀崇之今時謂禾下麥爲夷下麥言芟刈其禾於下種麥也玄謂將以澤地爲稼者必於夏六月之時大雨時行以水病絕草之後生者至秋水涸芟之明年乃稼釋曰春秋傳者隱六年五月鄭伯侵陳大獲往歲鄭伯請成於陳陳侯不許五父諫云周任有言曰爲國家者見惡如農夫之務

去草焉芟夷蘊崇之注云芟刈蘊積崇聚也絕其本根勿
使能殖引之者證芟夷爲刈殺之義也玄謂必於夏六月
之時大雨時行者此月令文引之證經夏以水殄
草之義也云至秋水涸芟之者解經芟夷之義也　**澤草**
所生種之芒種　注鄭司農云澤草之所生其地可種芒
種芒種稻麥也　釋曰澤草所生種之
芒種者但水鍾曰澤有水及醎鹵皆　**旱暵共其雩斂**
不生草即不得云種故云草所生
釋曰此旱雩據夏五月已後脩雩云暵者旱之熱氣若　**注**
四月龍見而雩未必旱暵也然二種雩皆供雩斂也
稻人共雩斂稻急水者也鄭司農云雩事所發斂　釋曰
鄭意餘官不言共雩斂於此官特言共者以稻是水穀急
須水故旱時待使　**喪紀共其葦事**　注葦以闉壙禦濕
共雩之發斂也　之物　釋曰春秋
左氏有井闉塞也鄭知葦以闉壙所以約之爲塞壙言
禦水之物則在棺下吊之或以抗席即是禦土與禦水義

乖恐非也

土訓掌道地圖以詔地事注道說也說地圖九州形勢山川所宜告王以施其事也若云荆揚地宜稻幽并地宜麻　釋曰其九州地圖乃是諸國所獻以入職方今土訓乃於職方取九州地圖依而說向王使依而責其貢獻之物云若云荆揚地宜稻幽并地宜麻者案職方荆揚之州實宜稻幽并之州並不言宜麻者鄭以目驗見宜麻職方不言麻乃非民所要用故也道地慝以辨地物而原其生以詔地求注地慝若障蠱然也辨其物者別其所有所無原其生生有時也以此二者告王之求也地所無及物未生則不求也鄭司農云地慝地所生惡物害人者若虺蝮之屬　釋曰云若障蠱然也者謂上地所生惡物障即障氣出於地也蠱即蠱毒人所爲也云別其所有所無者若職方九州所有所無也云原其

生生有時也者雖是當州所有而生有時也云以此二者告王之求也者謂辨地物原其生者告王求地所有也地所無及物未生則不求也先鄭云地慝所生惡物害人者若虺蝮之屬者此與後鄭障蠱義不同引之在下亦得爲一義也

王巡守則夾王車 注巡守行視所守也天子以四海爲守 釋曰夾王車者亦在國掌道地圖已下之事鄭云行視所守也者此解諸侯爲天子守土云天子以四海爲守者此解天子自守天下之義若巡守之中含此二義

誦訓掌道方志以詔觀事 志即今之識也 釋曰云掌道方志者謂道四方所記識久遠之事以告王也云以詔觀事者謂告王觀博古之事也 注說四方所識久遠之事以告王觀博古所識若魯有大庭氏之庫殽之二陵 釋曰左氏傳昭十八年宋衛陳鄭皆火梓愼登大庭氏之庫以望之注云

大庭氏古亡國之君在黃帝前其處高顯敌之二陵僖三十二年秦之蹇叔子見師襲鄭哭而送之曰晉人禦師必於殽殽有二陵焉其南陵有夏后皋之墓也其北陵文王之所避風雨也並所識久遠之事故引之以證方志之義

掌道方慝以詔辟忌以知地俗 釋曰誦訓又掌說四方言語所惡之事以詔告令王避其忌惡所以然者使王博知地俗言語之事故鄭云博事也 注 方慝四方言語所惡也不辟其忌則其方以爲苟於言語也知地俗博事也鄭司農云以詔辟忌不違其俗也曲禮曰君子行禮不求變俗 釋曰引曲禮君子行禮不求變俗者土均云禮俗注亦引此文彼謂先王舊俗是禮事不變之此引不求變俗謂不變其鄉俗所嫌惡皆是不求變俗各隨一邊之義故不同也

王巡守則夾王車 釋曰此亦與土訓同各以所掌以告王也

山虞掌山林之政令物爲之厲而爲之守禁
釋曰案下文林自有衡官掌之今山虞兼云林者彼林是
竹木生平地者林衡掌之此山林并云者自是山內之林
即山虞兼掌之 注物爲之厲每物有蕃界也爲之守禁爲守者設禁令也守者謂其地之民占伐林木者也鄭司
農云厲遮列守之 釋曰但山內林木金玉錫石禽獸所
有不同每物各有蕃界設禁亦不同云守者謂其地之民
占伐林木者也者案下澤虞職云使其地之人守其財物
以時入之于玉府頒其餘于萬民彼是其地之民占取澤
物者守之明此山虞所守亦然是以此下文亦令萬民時斬材有期日明是守山林之人也 仲冬斬
陽木仲夏斬陰木 注鄭司農云陽木春夏生者陰木秋冬生者若松栢之屬玄謂陽木
生山南者陰木生山北者冬斬陽夏斬陰堅濡調 釋曰
先鄭云陽木春夏生者陰木秋冬生者若松柏之屬後鄭

不從以爲山南爲陽木北爲陰木者案月令十一月日短至伐木取竹箭竹箭秋冬生不用仲夏斬之故知先鄭之義非也

凡服耜斬季材以時入之 注季猶穉也服與耜宜用穉材尚柔刃也服牝服車之材 釋曰服謂牝服即車平較皆有鑿孔以幹子貫之故謂之牝服也耜謂耒耜隨曲長六尺六寸車人所造者二木皆須堅刃故斬季材少木爲之云時入者以其須堅刃故須依上文仲冬仲夏之時也

令萬民時斬材有期日 釋曰案禮記王制云草木零落然後入山林彼據萬民伐木之時謂十月之中此云萬民時斬材亦謂十月時 注時斬材斬材之時也有期日入出有日數爲久盡物 釋曰鄭云時斬材斬材之時也者正在十月也云有期日入出有日數爲久盡物者經直云有期日鄭云有日數蓋當有日數多少但無文不知幾日爲限也

凡邦工入山林而掄材不禁 釋曰上文云仲冬斬陽木

仲夏斬陰木彼據堅刃之極時但國家須材不要在仲冬
仲夏故此邦工入山林不禁又不言時節須即取足之故
也注掄猶擇也不禁者山林國之有不拘日也
釋曰此對萬民不得非時入入又有日數**春秋之斬**
木不入禁注非冬夏之時不得入所禁之中斬木也斬
四野之木可　釋曰上經云邦工入山林不
禁此又云春秋之斬木不入禁與上違者上文據國家使
工取擇木故非冬夏亦得入山林此據萬民取木故十月
入山春秋之斬木不入禁故鄭云斬四野之木可雖斬四
野之至於三月不得伐桑柘故月令季春云無伐桑柘彼
注愛蠶食也**凡竊木者有刑罰**注竊盜也　釋曰此謂非
萬民入山之時而民盜山
林之木與之以刑罰**若祭山林則爲主而脩除且蹕**釋曰此山
林在畿內
王國四方各依四時而祭云則爲主者謂主當祭事者
世而脩除者謂掃除糞灑云且蹕者且復蹕止行人也　注

爲主主辨護之也脩除治道路場壇　釋曰云爲主主辨護之也者案中候握河紀堯受河圖云帝立壇磬折西向禹進迎舜契陪位稷辨護注云辨護者供時用相禮儀則此云辨護者亦謂共時用相禮儀者也云脩除治道路場壇者案守祧職云其廟則有司脩除之鄭云有司恒主脩除謂埽除糞灑場謂墠即除地之處壇神位之所也若

大田獵則萊山田之野及弊田植虞旗于中致禽而珥焉　釋曰言大田獵者謂王親行若田在山則山虞芟萊草木於可陳之處故云萊山田之野又及弊田植虞旗于中使民得禽牲者望見之致禽於其萊所而珥焉珥當爲衈謂輸禽者割取左耳以效功也注除其草萊也弊田田者上也植猶樹也田上樹旗令獲者皆致其禽而校其耳以知獲數也山虞有旗以其主山得畫熊虎其仞數則短也鄭司農云珥者取禽左耳以效功也大司馬職曰獲者取左耳　釋曰云萊除其草萊也者

謂於防南擬教戰之處芟去草萊南北二百五十步東西步數雖未聞廣狹可容六軍三三而居一偏耳云山虞有旗以其主山得畫熊虎其仞數則短也者案司常云師都建旗大夫建物此山虞是士不建物而建旗者以其主山山多熊虎故得有旗禮緯旌旗之杠天子九仞諸侯七仞大夫五仞士三仞若軍吏是鄉大夫則杠長五仞今山虞是士雖有熊虎爲旗仞數則短宜三仞必取左耳者以其聽鄉任左故皆取左耳也

林衡掌巡林麓之禁令而平其守 釋曰此林衡兼麓者以爾雅山足曰麓雖連於山山虞不掌以麓上有林故屬林衡也 **注** 平其守者平其地之民守林麓之部分 釋曰經直言平其守明不平其稅而平均其守而已故云平其地之民守林麓之部分謂部伍有多少遠近之分也

以時計林麓而賞罰之 注 計林麓者計其守之功也林麓蕃茂民不盜竊則有賞

不則罰之 釋曰此時考校而計林麓以行賞罰者林衡之官既平民之守護林麓而會計民有功者賞之損麓之財者罰之故注云不則罰之也 若斬木材則受灋于山虞而掌其政令 釋曰上山虞官尊故設之是以此林衡若斬木材則於虞邊受焉 注 法萬民入出時日之期 釋曰案山虞云仲冬仲夏及春秋是時之期號令萬民斬材有期日是日之期也

川衡掌巡川澤之禁令而平其守以時舍其守犯禁者執而誅罰之 釋曰川注瀆者皆是也水鍾曰澤澤與川不同官今川衡兼云澤者澤與川連者則川衡兼掌之謂若濟水溢爲滎澤滎澤則與濟連則管濟川者兼滎澤掌之如此之類皆是

注 舍其守者時案視守者於其舍申戒之 釋曰此舍其守謂川衡之官時復巡行所守之民當案視其所守守

人當於其舍中重戒勑之也祭祀賓客共川奠注川奠籩豆之實魚鱐蜃蛤之屬

釋曰鄭此注皆據醢人及籩人而言案籩人職云朝事之籩有豐蕡白黑形鹽膴鮑魚鱐醢人云饋食之豆有蜃醢蠯醢蜃蠯是蛤則魚鱐及蜃皆川中所生之物故引爲證川奠也言之屬者具有蠃醢亦是川奠故云之屬

澤虞掌國澤之政令爲之厲禁使其地之人守其財物以時入之于玉府頒其餘于萬民

釋曰案上山虞林衡川衡皆不言國獨澤虞云國澤者周公設經二虞二衡文有不同皆是互見爲義故也此澤虞云以時入之于玉府頒其餘于萬民亦據中所出入玉府者多故特言之無妨山虞川衡之等亦入玉府亦是互見其義也

注其地之人占取澤物者因以部分使守之以時入之于玉府謂皮角珠貝也入之以當邦

賦然後得取其餘以自爲也入出亦有時日之期 釋曰以時入之于玉府者但萬民入澤雖無正文案王制獺祭魚然後虞人入澤梁草木零落然後入山林則萬民入澤可同時云謂皮角珠貝也者澤中所出無過此四物皮謂犀皮角麋角犀角珠出於蜯蛤蜯蛤在澤其貝亦出澤水故知之也云入出亦有時日之期者亦如山虞職所云也

凡祭祀賓客共澤物之奠 注澤物之奠亦籩豆之實芹茆菱芡之屬 釋曰案籩人職加籩之實有菱芡朝事之豆有茆菹加豆之實有芹菹是皆澤中所出故引證澤物之奠也言之屬者兼有深蒲昌本之等故云之屬

喪紀共其葦蒲之事 注葦以闉壙蒲以爲席 釋曰蒲以爲席者謂抗席及禮記云虞卒哭芐翦不納者是也

若大田獵則萊澤野及弊田植虞旌以屬禽 釋曰萊所田之野一如山虞之職也 注

屬禽猶致禽而珥焉澤虞有旌以其主澤澤鳥所集故
得注折羽　釋曰云屬禽猶致禽者案山虞致禽之義
謂輸之於公當致之於虞旗之中而珥焉以效功此云
屬禽者謂百姓致禽訖虞人屬聚之別其等類毎禽取
三十焉若然則致禽與屬不同而鄭云屬禽猶致禽者
鄭欲明山虞澤虞文皆不足故互見爲義彼此有其事
故云屬禽猶致禽而珥焉云澤虞有旌以其主澤澤鳥
所集故得注析羽者以澤是鳥之所集故得建析羽之
旌

迹人掌邦田之地政爲之厲禁而守之注田之地
若今苑也　釋曰迹人主迹知禽獸之處故云掌邦田之
地政云爲之厲禁而守之者有禽獸之處則爲苑囿以材
木爲藩羅使其地之民遮厲守
之故鄭云田之地若今苑也　凡田獵者受令焉注令

謂時與處也　釋曰云時與處者謂若仲春仲夏仲秋仲冬是其時云處者謂山澤也其受令者謂夏官主田獵者

禁麛卵者與其毒矢射者　注爲其夭物且害心多也麛麑鹿子　釋曰此謂四時常禁案月令孟春云不麛不卵又王制云國君春田不圍澤大夫不掩羣士不麛不卵者彼以春時生乳特禁之其月令季春云餧獸之藥毋出九門者彼亦崇其春時彼鄭注云凡諸罟及毒藥禁其出九門明其常有時不得用耳云爲其夭物釋經禁麛卵者且害心多釋毒矢射者也

丱人掌金玉錫石之地而爲之厲禁以守之　注錫鈏也　釋曰此金玉錫石四者皆在於山言地者即山也爲之厲禁亦謂使其地之民遮護守之

若以時取之則物其地圖而授之　釋曰取此四者雖無四時之文當取

之日應亦有時故云以時取之注物地占其形色知鹹淡也授之教取者之處釋曰經云物故以占其形色言之云知鹹淡者鄭以當時有人採者皆知鹹淡即知有金玉故以時事言之也巡其禁令注行其禁明其令

角人掌以時徵齒角凡骨物於山澤之農以當邦賦之政令釋曰角人亦應徵角物兼言齒骨者以其齒骨並是角類以細小之事因類兼掌之云以當邦賦者言農則皆有夫田出稅今以此農近山澤山澤有此骨角及齒此三者國之所須故使以時入採而稅之以當地稅民益國之事者自此已上皆不言以當邦賦者皆文不具舉此一事餘可知並是省文之義也注山澤出齒角骨物大者犀象其小者麋鹿釋曰鄭言齒角骨物者欲見不言川林直言

山澤以其不出川林故特言山澤也云大者犀象其小者麋鹿者無正文鄭以意目驗而知之犀牛有角而象有牙是其大者也月令十一月麋角解五月鹿角解是其小者也**以度量受之以共財用**注骨入漆浣者受之以量其餘以度度所中

羽人掌以時徵羽翮之政于山澤之農以當邦賦之政令注翮羽本　釋曰此羽人所徵羽者當入於鍾氏染以爲后之車飾及旌旗之屬也**凡受羽十羽爲審百羽爲摶十摶爲縳**注審摶縳羽數束名也爾雅曰一羽謂之箴十羽謂之縳百羽謂之緷其名音相近也一羽則有名蓋失之矣　釋曰鄭引爾雅訛乃云名音相近也一羽則有名蓋失之矣者規爾雅誤意所以爾雅一羽

則有名者只由一者十數之始十爲百數之始是名相近既有十百故誤一羽遂有名也

掌葛掌以時徵絺綌之材于山農凡葛征徵草貢之材于澤農以當邦賦之政令

注草貢出澤蘋紵之屬可緝績者　釋曰所以徵絺綌於山農者以其葛出於山故也凡葛征者其徵絺綌之材即葛是也又云凡葛征者摠結之也云徵草貢之材于澤農者以蘋紵出於澤故也經直言草貢不言蘋紵者設文以互換爲義故以其絺綌亦以葛草草貢亦是蘋紵者也

以權度受之

注以知輕重長短也故書受或爲授杜子春云當爲受　釋曰上角人齒骨與角不須稱直言度量此經葛草等下須量故以權度受之便知斤兩長短故也

掌染草掌以春秋斂染草之物注染草茅蒐橐蘆豕首紫茢之屬　釋曰案爾雅茹藘茅蒐郭注云今之蒨也可以染絳橐蘆者爾雅無文豕首者爾雅云茢薽豕首郭注云本草曰彘盧一名蟾蠩蘭今江東呼豨首可以煼蠶蛹郭氏雖有此注不言可染何色則此橐蘆豕首未審鄭之所據也紫茢者爾雅云藐茈草郭注云可以染紫一名茈莨廣雅云即此紫茢也言之屬者更有藍皁象斗之等衆多故以之屬兼之也以權量受之以待時而頒之注權量以知輕重多少時染夏之時　釋曰案天官染人云春暴練夏纁玄秋染夏夏爲五色至秋染五色故鄭云染夏之時時謂秋時也

掌炭掌灰物炭物之徵令以時入之注灰

炭皆山澤之農所出也灰給澣練炭之所共多　釋曰灰
炭既出山澤不云徵于山澤之農者義可知經略而不言
也 **以權量受之以共邦之用凡炭灰之事**

掌荼掌以時聚荼以共喪事 注共喪事者以著物也既夕禮曰茵著用荼　釋曰云共喪事者以著物也者以著物也者即引既夕禮茵著用荼是也案既夕禮爲茵之法用縮翦布謂淺黑色之布各一幅合縫著以荼柩未入壙之時先陳於棺下縮二於下橫三於上乃下棺於茵上是也

徵野疏材之物以待邦事凡畜聚之物 注荼茅莠疏材之類也因使掌焉徵者徵於山澤入於委人　釋曰知掌荼所徵入委人者以其委人掌斂野之賦凡疏材木材所斂者衆故知此掌荼所徵亦入委人也

掌蜃掌斂互物蜃物以共闉壙之蜃釋曰斂互物者以其互物是蜃之類故因類使兼掌之互又云蜃物者共百事之蜃與下共闉壙之蜃別注物蚌蛤之屬闉猶塞也將井椁先塞下以蜃禦濕也鄭司農說以春秋傳曰始用蜃炭言僭天子也 釋曰云互物蚌蛤之屬者案鼈人云掌取互物先鄭云互物謂有甲蔽胡龜鼈之屬此後鄭解互物爲蚌蛤者彼下文別有廬蠃卽蛤故從先鄭爲龜鼈至此別爲蚌蛤亦是有甲蔽胡故也云將井椁先塞下以蜃禦濕也者案士喪禮筮宅還井椁於殯門之外注云既哭之則往施之窆中是未葬前井椁材乃往施之壙中則未施椁前已施蜃灰於椁下以擬禦濕也引春秋者是成公二年宋文公卒始厚葬用蜃炭雖二王之後不得純如天子亦用蜃故被譏引之者證天子之宜也 祭祀共蜃器之蜃注飾祭器之屬也鬯人職

曰凡四方山川用蜃器春秋定十四年秋天王使石尚來歸蜃蜃之器以蜃飾因名焉鄭司農云蜃可以白器令色白

釋曰經直云蜃器之蜃鄭揔云祭器之屬不辨宗廟及社稷之器則宗廟社稷皆用蜃飾之知義然者案此注引左氏云石尚來歸蜃公羊以爲宜社之肉以蜃器而盛肉故名肉爲蜃是祭社之器爲蜃也大行人云歸脤以交諸侯之福彼則宗廟社稷之器物謂之爲脤是其宗廟社稷之器皆蜃灰飾之事也

共白盛之蜃 注 盛猶成也謂飾牆使白之蜃也今東萊用蛤謂之乂灰云

釋曰言白成謂飾牆使白之蜃也案爾雅云地謂之黝牆謂之堊黝黑也堊白也若然此經所云白盛主於宗廟堊牆也云今東萊用蛤謂之乂灰云者蜃蛤在泥水之中東萊人乂取以爲灰故以蛤灰爲乂灰云也

囿人掌囿游之獸禁 注 囿游囿之離宮小苑觀處也養獸以宴樂視

之禁者其蕃衛也鄭司農云囿游之獸游牧之獸　釋曰鄭云囿游囿之離宮小苑觀處也者案孟子文王之囿七十里芻蕘者往焉天子之囿百里並是田獵之處又青傳云鄉之取於囿是勇力取今之取於澤是揖讓取是爲蒐狩之常處也今此云禁故知非大囿是小苑觀處也云禁者其蕃衛也者即非守門者也其守門則墨者故閽人云王宮每門四人囿游亦如之鄭云墨者使守門是也言離宮者謂於王宮之外於苑中離別爲宮故名離宮以宮外爲客館亦名離宮也先鄭云囿游之獸游牧之獸者此與後鄭義異謂獸之游非人游觀引之在下亦得爲一義故也

牧百獸

注備養衆物也今掖庭有鳥獸自能熊虎孔雀至於狐狸鳧鶴備焉　釋曰此於小囿中牧養百獸言百者舉成數而言雖以百獸爲主其中亦有飛鳥故鄭注引漢之掖庭有鳥獸自熊虎孔雀至於狐狸鳧鶴備焉爲證也

祭祀喪紀賓客共其生獸死獸之物

場人掌國之場圃而樹之果蓏珍異之物以時斂而藏之釋曰場圃連言場圃同地耳春夏爲圃秋冬爲場其場因圃而爲之故並言之也注果棗李之屬蓏瓜瓠之屬珍異蒲桃枇杷之屬釋曰張晏云有核曰果無核曰蓏臣瓚以爲在地曰蓏在樹曰果則不辨有核無核則鄭不指定言不知義從何者案閭師云任圃以樹事貢草木此場人又掌之者此據祭祀喪紀賓客者場人徵斂藏之其餘則閭師徵斂之也凡祭祀賓客共其果蓏享亦如之注享納牲釋曰享納牲謂祭祀宗廟二灌後君迎牲納之於庭時后夫人薦朝事之豆籩豆籩中有果蓏之物故云享亦如之若然上言祭祀餘祭祀也

廩人掌九穀之數以待國之匪頒賙賜稍

食釋曰廩人掌米倉人掌穀今廩大云九穀者以廩人雖專主亦兼主穀故以九穀言之也注賜讀爲分分頒謂委人之職諸委積也將賜謂王所賜予給好用之式也稍食祿稟釋曰破匪爲分者米穀非是匪所威之物又以爲廬宿市在道分頒義合故不爲匪也云分頒謂委人之職諸委積也者委人委積之文具於彼云賜賜謂王所賜予給好用之式也者此即九式之中九曰好用之式是也故彼注好用燕好所賜予也云稍食祿稟者此即司士以功詔祿又王制云下士視上農夫九人祿中士倍下士之類是也凡廩法有數名春秋桓十四年八月御廩災天子亦有御廩單云廩則平常藏米之廩此不言御廩則廩中可以兼之矣明堂位魯有米廩有虞氏之學以有虞氏尚孝合藏粢盛之委故名學爲米廩非廩稱也詩云亦有高廩又云萬億及秭注云廩所以藏粢盛之穗以其萬億及秭數多非藏米之數故以藏穗言之與常廩御廩又異

以歲之上下數

邦用以知足否以詔穀用以治年之凶豐

注數猶計也　釋曰上下即豐凶虞人之言以歲之豐凶得
穀物多少之帳計國之用以知足否若歲凶穀物少而用多

則不足虞人既知多少是否乃詔告在上用穀之法以
治年之凶豐此則王制云制國用必於歲之杪若是也凡萬

民之食食者人四鬴上也人三鬴中也人二鬴下

也釋曰此謂給萬民糧食之法故云凡萬民之食食者
謂民食國家糧食者人四鬴上也上謂大豐年也人

食三鬴中也謂中豐年人食二鬴下也謂少儉年此雖列
三等之年以中年是其常法一鬴當今六斗四升即今給請

亦然注此皆謂一月食米也六斗四升曰鬴　釋曰知此皆
謂一月食米者計中歲須祿人食三鬴不得為此數月

古今皆月月給請故知此皆一月食
米也六斗四升曰鬴昭公傳晏子辭若食不能人二

䘑則令邦移民就穀詔王殺邦用釋曰此即穀梁傳所云五穀不熟謂之大侵謂大凶年之時用如此法也注就穀就都鄙之有者敘猶減也釋曰知就都鄙之有者此據天子畿內六鄉六遂及公邑純屬天子與三等采地不同若民有不能人二鬴之歲移民就穀當先鄉遂都鄙三等采地之中都鄙亦凶乃出鄉遂外也故知就都鄙之有者也凡邦有會同師役之事則治其糧與其食釋曰此會同師役皆有軍人給糧食故須治之使均給之也注行道曰糧謂糒也止居曰食謂米也釋曰案書傳云行而無資謂之乏居而無食謂之困是止居曰食謂此廩人米也詩云乃裹糇糧是行道曰糧謂糒也者即尚書費誓云峙乃糗糧即糒也大祭祀則共其接盛注接讀為壹扱再祭之扱扱以

授舂人舂之大祭祀之穀藉田之收藏於神倉者也不以給小用 釋曰此即廩人兼掌御廩所藏藉田之收以共祭祀之用者也鄭必讀接爲壹扱再祭之扱者此齍米與舂人舂之當須扱與舂人無取於接義故讀如特牲少牢云藏於神倉者也者據月令而言知不給小用者祭義云天子藉田千畝諸侯藉田百畝以事天地社稷先公敬之至也是不給小用也

舍人掌平宮中之政分其財守以灋掌其出入 釋曰舍人摠主給米之事而掌平王宮中之政謂平其給米多少不得特多特少也云分其財守者財即米也故喪大記云納財朝一溢米亦謂米爲財謂分米與宮正内宰守禁之所使須與所使守之人 云以法掌其出入者出謂米出於廩人以出給入謂其有空缺則還入廩人皆當以法不可虛也 注政謂

用穀之政也分其財守者計其用穀之數分送宮正內宰使守而須之也而行出於廩人其有空缺則計之還入 釋曰必送米與宮正內宰者此二官皆有宿衛之人須米料之數故也 凡祭祀共簠簋實之陳之 釋曰祭祀言凡則天地宗廟大次小祭皆有黍稷於簠簋實之陳之故云凡以廣之 注 方曰簠圓曰簋盛黍稷稻粱器 釋曰云方曰簠圓曰簋皆據外而言案孝經云陳其簠簋注云內圓外方受斗二升者直據簠而言若簋則內方外圓知皆受斗二升者旊人云爲簋實一㲉豆實三而成㲉豆四升三豆則斗二升可知但外神用瓦簋宗廟當用木故易損卦云二簋可用享損卦以離巽爲之離爲日日圓巽爲木木器圓簋象是用木明矣云盛黍稷稻粱器者案公食大夫簠盛稻粱簋盛黍稷故鄭捴云黍稷稻粱器也 賓客亦如之共其禮車米筥米芻禾

注禮致饔餼之禮　釋曰云亦如之者亦有簠簋實之陳之事故亦如祭祀也言實之陳之則據饔餼及饗食之時也云共其禮車米筥米芻禾者鄭云禮致饔餼之禮案聘禮曰致饔使卿韋弁歸饔餼米百筥設于中庭車米三十車陳於門外禾三十車芻薪倍禾案掌客上公米百有二十筥車米四十車禾五十車芻薪倍禾侯伯米百筥車米三十車禾四十車芻薪倍禾子男米八十筥車米二十車禾三十車芻薪倍禾皆言陳是其饔餼車米筥米芻禾所陳多少之事

喪紀共飯米熬穀注飯所以實口不忍虛也君用粱大夫用稷士用粱皆四升實者唯盈熬穀者錯于棺旁所以惑蚍蜉也喪大記曰熬君四種八筐大夫三種六筐士二種四筐加魚腊焉　釋曰云飯所以實口不忍虛也者案檀弓云飯用米貝不忍虛也不以食道用美焉爾故云不忍虛也云君用粱大夫用稷士用粱者此喪大記文彼據沐時所用今引證飯者但飯米沐米與重鬲所盛用米皆同是

以士喪禮云貝三實于笲稻米一豆實於筐據飯含所下卽云祝淅米管人受潘煑于垼外御者沐又云鬻餘盛以二鬲是其三者用米同故引沐法以證飯也但喪大記注士沐粱蓋天子之士以其士喪禮諸侯之士沐稻喪大記注又云差率而上天子沐黍與則天子飯用黍也云皆四升者用米不同別貴賤但人口大小同故知皆四升也云實者惟盈者士喪禮文故彼云主人左扱米實于右三實一貝左中亦如之又實米惟盈是也云熬穀者錯于棺旁所以惑蚍蜉也者解穀所以熬之將殯設之者將熬穀以惑蚍蜉又有魚腊香蚍蜉欲向棺值此惑之故云所以惑蚍蜉也引喪大記者見尊卑用筐穀多少不同之意云熬君四種八筐大夫三種六筐士二種四筐加魚腊焉鄭彼注引士喪禮曰熬黍稷各二筐又曰設熬旁一筐大夫三種加以粱君四種加以稻四筐則首足皆一其餘設於左右若然天子當加麥苽六種十筐首足亦各一筐其餘亦設於左右也

以歲時縣種

稑之種以共王后之春獻種 注縣之者欲其風氣
燥達也鄭司農云春王當耕于藉則后獻其種也后獻其
種見內宰職 釋曰內宰注云先種後熟謂之穜後種先
熟謂之稑彼內宰上春后獻種示不敗壞且助王耕事此
云歲時縣者從納禾治得子即縣之以至春獻之是以先
鄭云春王當耕于藉則后獻其種也 掌米粟之出入辨其物 釋曰
大宰九職有九穀只令有五穀令正言粟者粟即粢也爾
雅釋草粢稷也稷皆五穀之長故特舉以配米也其實九
穀皆有 注 九穀六米別爲書 釋曰九穀之名已見大宰注
今云六米者九穀之中黍稷稻粱苽大豆六者皆
有米麻與小豆小麥三者無米故云
九穀六米別爲書釋經辨其物也 歲終則會計其
政 注政用穀之多少

倉人掌粟入之藏 注九穀盡藏焉以粟爲主 釋曰案月令首種不入鄭注引舊記首種謂稷即種粟是五穀之長下文辨九穀此云粟是以粟爲主也 辨九穀之物以待邦用若穀不足則止餘灋用有餘則藏之以待凶而頒之 注止猶殺也殺餘法用謂道路之委積所以豐優賓客之屬 釋曰知殺餘法用是道路之委積者案上遺人注委積者廩人倉人計九穀之數足國用以其餘共之所謂餘法用也則彼委積是法用以此餘者爲之是豐優賓客者今倉人穀不足故止彼餘法用故鄭據遺人而言焉鄭云之屬者彼遺人注云職內邦之移用亦如此也今穀不足亦止之故云之屬 凡國之大事共道路之穀積食飲之具 注大事謂

喪戎　釋曰案左氏成公傳國之大事在祀與戎不言喪
事今此喪戎不言祀者此經云共道路惟軍戎及喪在外
行於道路故據而言焉祭祀遠無過在近
郊之内無在道共糧之事故不言祭祀也

司祿　闕

司稼掌巡邦野之稼而辨穜稑之種周知其名與其所宜地以爲灋而縣于邑閭　注周猶徧也徧知種所宜之地縣以示民後年種穀用爲法也　釋曰云巡邦野之稼者謂秋熟之時觀之矣若然春稼秋穡不云穡而云稼者穡由稼而有故本之言稼也

巡野觀稼以年之上下出斂灋　釋曰此觀稼亦謂秋熟時觀稼善惡則知年上下豐凶以

此豐凶而出注歛法者豐年從正凶荒則損若今十傷二
稅歛之法 三實除減半 釋曰鄭云豐年從正者年
雖豐與中平一皆從正法十一而稅之也云凶荒則損者
凶荒謂年穀不熟則減於十一而稅之云若今十傷二三
實除減半者鄭舉漢法以況義十傷二三者謂漢時十分
之內傷二分三分餘有七分八分在實除減半者謂就七
分八分中爲實在仍減去半不稅於
半內稅之以凶荒所優饒民法也 **掌均萬民之**
食而賙其急而平其興 注均謂度其多少賙
稟其艱阨興所徵賦
釋曰詩云缾之罄矣維罍之恥詩刺王不能富分貧以是
司稼既知民之禾稼多少則使之均萬民之食減取多者
以賙給其急困者云平其興者興謂徵賦當
各計十一而稅不得特多特少是平其興也
舂人掌共米物 注米物言非一米 釋曰案上文
倉人廩人言物者據米穀多者而

言故鄭言米物言非一米是也**祭祀共其齍盛之米**注齍盛謂黍稷
稻粱之屬可盛以爲簠簋實　釋曰器實曰齍盛則黍稷稻
粱是也在器曰盛則簠簋是也故鄭揔言齍盛謂黍稷稻
粱之屬屬中兼有麥苽可盛以爲簠簋之實也**賓客共其牢禮之米**注謂可以
實筐筥　釋曰下別言饗食則此言牢禮謂饔餼之米鄭
云實筐筥知非車米者以其公車米四十侯伯車米三十
子男車米二十非舂人所供故知惟謂筐筥者也
若然車米出於民稅故禹貢云五百里納米是也**凡饗**
食共其食米注饗有食米則饗禮兼燕與食　釋曰
燕禮無食米食禮無飲酒若饗禮有飲
酒有食米故云饗禮兼燕與食也若
然經云其食米則饗禮俱供食米也**掌凡米事**
饎人掌凡祭祀共盛注炊而共之　釋曰鄭知炊
而共之者以其饎人主以炊

亦不得藝之與犬
故於此言之也

周禮疏卷第十三